85
-22/.
66,30

La citoyenneté à l'école

Colette Crémieux

LA CITOYENNETÉ À L'ÉCOLE

SYROS

Comité d'orientation de la collection «École et société»: Jean-Michel Zakhartchouk et Jacques George (Cahiers pédagogiques), Bernard Defrance, Anne-Marie Imbert, Annick Sauvage.

Dans la même collection

La Démocratie dans l'école, une pratique d'expression des élèves, Claire Rueff-Escoubès, 1997.
Boulet rouge pour tableau noir, ce qui ne peut plus durer avec le système éducatif, Jean Desoli, 1997.
La Fracture scolaire, Pascal Junghans, 1997.
Le Plaisir d'enseigner, Bernard Defrance, 1997.
La Violence à l'école, Bernard Defrance, 1997.
L'Illusion mathématique, Sylviane Gasquet, 1997.
Faut-il enseigner la lecture ?, Dominique Fily, 1997.
Les Parents, les profs et l'école, Bernard Defrance, 1998.
Maternelles sous contrôle, les dangers d'une évaluation précoce, Annick Sauvage et Odile Sauvage-Déprez, 1998.

Catalogage Électre-Bibliographie

Crémieux, Colette
La citoyenneté à l'école. – Paris : Syros, 1998. – (École et société.)
ISBN 2-84146-610-8
RAMEAU :   Éducation civique : France.
                      Citoyenneté : France.
DEWEY :   370.4 : Éducation. Généralités. Aspects sociaux.
Public concerné : Tout public.

« C'est parce que la communauté humaine sera toujours imparfaite et que la démocratie repose, intrinsèquement, sur la mise en cause des idées reçues, que l'éducation civique doit, afin d'éviter que civilisation et barbarie ne s'enchevêtrent, enseigner l'ouverture à l'"Autre social" et non la révérence aux pouvoirs établis. »

Élie Wiesel

INTRODUCTION

Des incidents violents se déroulent de plus en plus fréquemment dans les quartiers de nos villes et, plus grave peut-être, les protagonistes semblent être de plus en plus jeunes. Il n'y a donc pas à s'étonner si une demande pressante est adressée à l'école pour qu'elle mette en place « quelque chose » qui enraye ces comportements jugés insupportables. Les jeunes sont accusés de ne plus rien respecter, de détruire des biens collectifs et privés, de ne plus reconnaître l'autorité des adultes, d'être sous l'emprise de chefs de bande et de se droguer. Ils n'auraient plus ni morale ni le moindre respect des gens et des choses, voire d'eux-mêmes. Il y a là, bien sûr, généralisation abusive à toute une catégorie de la population, caractérisée par son âge, d'une critique qui n'est justifiée que vis-à-vis de quelques-uns. Il est clair que cette généralisation ne s'applique ni à l'ensemble des jeunes ni même à tous ceux qui vivent dans ces quartiers que l'on dit difficiles. Espérer que plus de citoyenneté à l'école puisse résoudre un problème de société, c'est cependant poursuivre un mythe dont rien ne nous dit *a priori* que sa réalisation soit vraisemblable. La réussite scolaire conditionne fortement la réussite sociale des uns ou des

autres mais est-elle suffisante pour garantir leur honnêteté et leur citoyenneté ?

Quoi qu'il en soit, de même que l'insécurité dans nos
villes et dans nos banlieues est devenu un leitmotiv,
l'éducation à la citoyenneté dans l'école est devenue une
réclamation en forme de slogan. Il faudrait éduquer à la
citoyenneté de la maternelle à la classe terminale, les
universités et les grandes écoles n'étant, semble-t-il, pas
concernées.

Le ministre médiatique de l'Éducation nationale,
Claude Allègre, et la ministre déléguée chargée de l'enseignement scolaire, Ségolène Royal, font de la citoyenneté
l'un des mots phares de leur action et de celle du gouvernement ; ils encouragent toute initiative allant dans
ce sens et le bulletin officiel de l'Éducation nationale a
publié divers textes plus ou moins contraignants. Les
quotidiens nationaux et régionaux, les revues féminines,
les journaux syndicaux du monde enseignant ou les
revues spécialisées dans telle ou telle discipline[1] reprennent systématiquement le sujet de la citoyenneté à
l'école. La demande est flagrante.

La démarche n'a rien d'exceptionnel. Les écoles et les
collèges, plus rarement les lycées, sont régulièrement
sollicités pour intervenir dans divers domaines tels que
la sécurité routière, la santé, l'environnement, ou même,
plus récemment, l'éducation du goût. Dans tous les cas,
des préoccupations sociales et politiques sont sous-
jacentes. Il s'agit de prévenir les accidents ou les comportements nocifs et de susciter des attitudes responsables

---

1. On peut citer, pour exemple, les numéros 359 et 362 de la revue *Historiens Géographes* intitulée «Éducation au civisme», octobre-novembre
1997, juin-juillet 1998, *Le Monde de l'éducation* de décembre 1997 intitulé
«Civisme», *Éducation, citoyenneté, territoire*, actes du séminaire national
de l'enseignement agricole, Toulouse, 1997, et les nombreux articles parus
dans la presse nationale.

dès le plus jeune âge. D'un certain point de vue, il s'agit déjà de citoyenneté. Un bon citoyen n'est pas seulement celui qui accomplit ponctuellement son devoir d'électeur, c'est aussi celui qui, par son comportement quotidien, assure le fonctionnement harmonieux de la cité, ou encore celui qui interpelle les détenteurs de pouvoirs, les obligeant à respecter leurs engagements et à justifier leurs décisions.

L'éducation civique traditionnelle n'est pas la seule concernée. La demande s'étend aujourd'hui à toutes les disciplines. Les programmes des écoles et les textes officiels les présentent toutes comme ayant des objectifs liés à la formation du citoyen. C'est tout à fait dans la tradition de l'école républicaine. Elle a été fondée avec pour principal but de former des citoyens éclairés et l'école de la IIIe République mettait au premier rang des disciplines la morale et l'instruction civique. Celle-ci est inscrite et réinscrite depuis Condorcet dans les programmes. Tel un serpent de mer, elle resurgit en force dans les textes les plus récents.

Dans les nouveaux programmes des collèges, tout un paragraphe est consacré à l'éducation civique, « formation de la personne et du citoyen, qui doit être repensée et élargie ». Il est écrit qu'elle « aide à acquérir le sens des responsabilités individuelles et collectives ».

Les programmes de la discipline éducation civique insistent sur « une formation de l'homme et du citoyen » dont les finalités sont de préparer et de permettre « la participation des élèves à la vie de la cité ». On y trouve, par exemple, que, « lieu de culture et de connaissance, le collège est aussi un lieu d'apprentissage de la vie en société. L'entrée en sixième exige que chaque enfant reçoive une éducation qui lui permette de réaffirmer son identité, d'acquérir le respect des autres, de participer à la vie de l'établissement, de faire preuve de responsabilité dans la conduite de ses études ». Les apprentissages

scolaires sont explicitement mis au service de la formation de l'élève : « Centrée sur l'élève, l'éducation civique
donne un sens à l'ensemble du projet éducatif [...]. Cet
enseignement [...] relève pour une part de la responsabilité des professeurs d'histoire-géographie [...] mais également de la responsabilité de l'ensemble de l'équipe
éducative [2]. Les différents membres de celle-ci (et plus
spécifiquement, en sixième, le professeur de sciences de
la vie et de la terre), coordonnés par le professeur principal, y sont associés pour des activités spécifiques. »

Le *Bulletin officiel* sur les initiatives citoyennes assigne
à l'école trois missions : « Transmettre des savoirs,
apprendre à vivre ensemble, former à l'exercice plein et
entier de la citoyenneté. » Trois objectifs sont ensuite
fixés à cet apprentissage de la citoyenneté qui doit permettre d'apprendre à vivre ensemble : « Comprendre que
la vie en société nécessite des efforts et du travail, être
capable de donner le meilleur de soi-même et savoir
choisir sa conduite individuelle et collective. » Enfin,
l'apprentissage de la citoyenneté ne doit pas « être l'affaire d'un jour mais être véritablement vécu durant toute
l'année scolaire et être ponctué par des temps forts » qui
sont « l'aboutissement de projets de classe, d'école ou
d'établissement centrés sur les initiatives citoyennes ».

La même circulaire recommande de mettre l'accent
sur « la participation active des élèves afin de développer chez eux l'autonomie et le sens critique mais aussi
l'adhésion à un ensemble de valeurs et à la loi ». Les initiatives citoyennes « sans se substituer aux programmes
[...] prolongent l'enseignement de l'éducation civique et
des autres matières et disciplines qui comportent toutes
une dimension d'apprentissage de la citoyenneté ».

---

2. Programme de sixième, 1996, *Bulletin officiel* hors série, Centre national de documentation pédagogique.

La seule lecture de ces textes montre que les ambiguïtés sont nombreuses. Le terme « éducation civique » désigne tantôt une discipline scolaire avec ses contenus, ses horaires et ses professeurs, tantôt une éducation à mener dans tous les apprentissages disciplinaires. Il en est de même pour le « vivre ensemble », tantôt présenté comme l'un des objectifs de l'école, tantôt comme une partie de l'apprentissage de la citoyenneté. Les activités liées à la citoyenneté doivent à la fois se dérouler dans l'école toute l'année et ne pas se substituer aux contenus des programmes ; or l'emploi du temps est déjà bien rempli par les contenus scolaires. C'est là que l'on s'interroge. Si tout doit être conservé comme avant, et si l'éducation à la citoyenneté doit remplir toutes les missions annoncées, n'est-ce pas un éléphant blanc ?

Par ailleurs, s'il y a accord sur le principe, il y a pluralité d'interprétations et de propositions pour dire ce que doit faire l'école afin de se saisir de cette obligation qui, paradoxalement, est la sienne depuis un siècle.

Chaque intervenant place l'accent sur un aspect différent. Pour Claude Allègre, « tous les enseignants, dans toutes les matières, doivent y participer » car « il faut montrer aux jeunes comment les valeurs de la République ont été acquises, perdues, reconquises ». L'accent est mis sur des contenus historiques et philosophiques démonstratifs. Ségolène Royal s'attache à une morale civique qui permettrait de « prendre sa place active dans la société démocratique » et d'apprendre « la politesse, le respect des différences, l'interdiction de voler et de mentir [3] », ce qui semble mettre l'accent sur une morale normative, voire coercitive, sur des codes de civilité et sur une adaptation consentante à la société.

---

3. *Libération* 22 décembre 1997, « 1997 mot à mot ».

La commission des initiatives citoyennes, dirigée par Jean Baubérot, met l'accent sur « apprendre à vivre ensemble dans l'école [...] savoir choisir sa conduite individuelle et collective ». Elle oriente la citoyenneté vers la socialisation dans l'école. On se rapproche de Jean-Jacques Rousseau, qui définissait les « bonnes institutions sociales » comme étant celles où « chaque particulier ne se croit plus un mais partie de l'unité ». Cet « apprendre à vivre ensemble » est attrayant et l'école lieu de vie collective peut y répondre, mais cela est prévu presque en dehors du courant principal qui conditionne l'organisation de l'école puisqu'il s'agit d'initiatives, de semaines spécifiques pour lancer l'action ou pour l'évaluer. Certes, il y a l'espoir que l'action dure sur l'année.

Deux positions se dessinent qui ne sont pas forcément antagonistes, mais qui partent d'hypothèses différentes et conduisent à des réponses institutionnelles fort dissemblables.

Une première interprétation de l'éducation à la citoyenneté est de l'assimiler à une reprise en main des jeunes pour lutter contre les comportements déviants. Il faut donc plus de moyens et plus de punitions. Il faut faire apprendre les règles et les appliquer impitoyablement. Il faut plus de citoyenneté comme il faut plus de police, plus de juges, plus de prisons pour mener à la fois prévention et répression. Elle n'est sans doute pas totalement infondée, mais surtout elle permet de fustiger les autres et d'attendre qu'ils prennent les dispositions qui permettent le changement. Elle n'est finalement pas très éloignée du fameux slogan des partisans du maintien de la peine de mort : « Que messieurs les assassins commencent. » L'élève demande qu'on le surveille, l'enseignant que les familles dressent leurs enfants, le politique que l'école remplisse son rôle, etc. On se réfère souvent à un bon vieux temps mythique. Il suffirait de se tourner vers les modèles du passé, de les réactiver, de les réintroduire ou de les renforcer pour introduire une dose suffisante de citoyenneté. La violence sociale s'expliquerait alors par des manques dans la formation des jeunes. Les familles n'assureraient plus l'éducation de leurs enfants et l'école française n'enseignerait plus ce qui serait nécessaire pour éviter les comportements violents d'adolescents ou de jeunes adultes. Les mesures envisagées vont dans ce sens. La morale est enseignée dans les écoles primaires et pourrait l'être dans le secondaire, tout comme l'éducation civique. On pense aussi au remodelage ou à l'extension des zones d'éducation prioritaire, à une collaboration resserrée avec les autorités de police et avec les tribunaux, au recrutement d'un personnel d'appoint pour assurer un meilleur encadrement des élèves, comme les fameux emplois jeunes.

Cette approche est visiblement insuffisante et superficielle. Ce n'est pas en inscrivant quelques slogans moralisateurs au tableau noir qu'on réglera le problème des banlieues. Ce n'est pas en rédigeant des règlements intérieurs répressifs qu'on rétablira la paix dans les écoles, les collèges et les lycées. Il est injuste d'affirmer que l'école a failli à ce point à sa mission.

La seconde interprétation, qui est plus celle des chercheurs, fixe un but à la citoyenneté à l'intérieur même de l'école : apprendre à vivre ensemble, apprendre à être responsable de son travail et de sa formation. L'accent n'est plus mis sur le passé, mais sur l'avenir. Il faudrait apprendre à se comporter autrement, à relever de nouveaux défis. Il ne s'agit plus de connaissances, mais d'éducation à de nouveaux comportements. L'élève est vu non pas comme un savant en herbe auquel il suffit d'enseigner des savoirs, mais comme une personne vivant au milieu d'autres personnes (ce qui ne l'empêche pas, bien sûr, de devenir savant). On entre dans un débat sur la raison d'être de l'école.

Tout le monde s'accorde pour confier à l'école les apprentissages de la lecture et de l'écriture dans la langue nationale, des mathématiques et d'autres disciplines dont l'éducation civique ou la morale. Mais savoir lire ne conduit pas automatiquement à devenir un lecteur éclectique, apprendre de la physique ou des mathématiques ne forge pas *ipso facto* des gens curieux de comprendre, de faire des expériences ou de résoudre des problèmes. Apprendre de la morale ou de l'éducation civique n'a pas plus de raison de conduire automatiquement à se comporter en honnête citoyen. Les « apaches » des années trente étaient allés à l'école communale de la IIIᵉ République et y avaient certainement appris par cœur que « nous devons respecter la propriété d'autrui ». Beaucoup de ces apprentissages ne sont perçus comme utiles par les élèves que parce qu'ils leur permettent d'avoir de bonnes notes aux devoirs et de réussir leurs examens. Or, devoirs et examens ne testent ni des comportements ni des attitudes. Ils ne repèrent que des savoirs scolaires, le plus souvent des connaissances et des savoir-faire à usage interne.

Témoin de ces modifications et de ces demandes pendant une carrière dans les collèges et dans les lycées de la proche banlieue parisienne, je livre ici un point de vue qui est issu de mon expérience d'enseignante, de formatrice à l'IUFM de Créteil et de ma réflexion au sein de l'Institut national de recherche pédagogique (INRP).

C'est aussi le point de vue d'un professeur d'éducation civique et d'histoire-géographie, mais les exemples me paraissent aisément transposables dans d'autres disciplines. La participation aux équipes de recherche sur le terrain de l'INRP en didactique de l'histoire-géographie et quelques années d'enseignement à l'étranger (Londres et Washington), ainsi que la participation à des stages pédagogiques, m'ont permis par ailleurs d'élargir ma vision de l'école.

Mes propos ne visent pas à régler les difficultés des élèves et des professeurs confrontés à de graves problèmes de violence et de délinquance, mais à ouvrir des pistes de réflexion. Ils ne s'inscrivent pas spécifiquement dans le contexte des établissements difficiles. La violence n'est qu'un comportement parmi beaucoup d'autres qui devraient conduire aussi à s'interroger sur ce qui se passe dans la vie de l'école et sur les buts qu'elle poursuit. L'actualité montre que la réussite scolaire et sociale ne garantit pas contre des comportements sociaux condamnables. Les « bons » établissements ne sont à l'abri ni de la drogue ni des comportements délictueux ou violents. Pour être moins spectaculaires que certains événements qui se déroulent dans des établissements dits difficiles, ils n'en sont pas moins graves. Enfin, l'échec scolaire est en lui-même générateur de comportements asociaux et aucun établissement n'en est exempt. Dans les meilleurs établissements, d'ailleurs, il conduit au refus ou au renvoi et, dans les deux cas, on contourne la difficulté en rejetant les problèmes hors des murs de l'école, sans se soucier des conséquences.

Il s'agit donc d'abord de prendre conscience de ce qui se passe réellement dans l'école et dans les classes. Dans quelle mesure l'école enseigne-t-elle d'une certaine manière des éléments de citoyenneté ou bien néglige-t-elle de le faire malgré les programmes qui lui sont imposés, les demandes qui lui sont adressées et les conseils qui lui ont été prodigués ? Il nous faudra ensuite passer du questionnement du passé et du présent à une tentative de définition de ce que pourrait être un avenir plus satisfaisant. Jusqu'où nous faudra-t-il changer l'école pour que celle-ci prépare, par ses pratiques, des hommes et des femmes prêts à vivre en société, à en accepter les contraintes et à en relever les défis ?

Première partie

La citoyenneté à l'école : un héritage à repenser

Face à la montée de l'insécurité dans la ville et à l'école, l'école est accusée de ne plus former à une citoyenneté responsable, tâche qu'elle aurait assumée autrefois. L'école aurait négligé toute formation citoyenne et les jeunes seraient sans lois, sans repères collectifs et d'un individualisme de plus en plus accentué.

Lorsque la crise économique a entraîné chômage et précarité et a bloqué l'«ascenseur social», l'école fut accusée de la même manière de ne plus fournir une formation adaptée aux besoins économiques et d'un niveau suffisant. Ainsi s'expliquait le chômage. Lorsque celui-ci a atteint les cadres et les jeunes ayant des diplômes, même si les plus marginalisés restent les sans-diplôme, les critiques ont été moins virulentes et mieux ciblées. Le manque de diplôme ou l'inadaptation des formations n'expliquaient plus à eux seuls le chômage des jeunes. La réussite scolaire ne garantissait pas du chômage et des difficultés lors de la recherche d'un premier emploi. En même temps, l'école perdait un de ses arguments favoris pour mettre les élèves au travail : «Réussissez à l'école, cela vous aidera dans la vie.» Il y a un double présupposé derrière ces affirmations. D'une part, l'école d'autrefois remplissait merveilleusement sa tâche, sans que soit précisé quand se situe cet autrefois, et, d'autre part, cela réussissait à enrayer les comportements délictueux. Est-ce si simple ? Comme le montre l'histoire de l'instruction ou de l'éducation civique et morale à l'école, celle-ci a toujours été un objet d'enseignement. Par ailleurs, il est certain que des malfrats, des assassins, des tortionnaires, des voleurs ont été élèves de l'école française depuis que la scolarité est obligatoire pour tous. Certains d'entre eux ont sans doute assisté à des leçons d'éducation civique et participé à des activités construites pour développer leur conscience de citoyen. Nul n'a la naïveté de penser qu'il suffise qu'il en soit ainsi pour que soient réglés les problèmes de société. La réponse est à rechercher dans l'ensemble des conditions de vie auxquelles sont soumis un certain nombre d'adolescents et de jeunes adultes. Cela ne signifie pas pour autant que l'école ne doive rien faire ou ne puisse rien faire et qu'elle n'ait pas à questionner ses pratiques.

I

Un peu d'histoire, un mariage républicain agité mais pérenne

Si l'on parcourt à grands pas l'histoire de l'éducation en France, on observe une constante concomitance entre les besoins économiques et sociaux de la société et les structures éducatives. Au Moyen Âge, les clercs seuls sont éduqués pour le service de l'Église et du roi. L'urbanisation et la Renaissance conduisent à parfaire l'éducation des clercs et à ouvrir des écoles en ville pour la bourgeoisie. En 1789, lorsque les sujets du roi deviennent citoyens, les députés révolutionnaires veulent généraliser l'école pour y former le citoyen.

Condorcet : former le citoyen

Condorcet présente son plan pour un enseignement gratuit. Cet enseignement est laïque et s'adresse aux filles comme aux garçons. Il doit transmettre tous les apports du siècle des Lumières pour «former la raison, instruire à n'écouter qu'elle [...] ». Il associe instruction publique et exercice des droits et devoirs du citoyen : « Plus les hommes sont disposés par éducation à raisonner juste, à saisir les vérités qu'on leur présente, à rejeter les erreurs dont on veut les rendre victimes, plus aussi une nation qui verrait ainsi les lumières s'accroître de plus en plus, et se répandre sur un plus grand nombre d'individus, doit espérer d'obtenir et de conserver de bonnes lois, une administration sage et une constitution vraiment libre [1]. » Ainsi, la création d'écoles pour le premier degré dans chaque village est mise en relation avec les besoins en officiers municipaux et juges de paix. Condorcet pose les grands principes de cette école. Il distingue l'instruction qui relève de l'État et l'éducation qui fait partie des droits naturels, ouvrant un débat qui se poursuivra tout au long du XIXe et du XXe siècle : « Les hommes ne se sont rassemblés en société que pour obtenir la jouissance plus entière, plus paisible de leurs droits naturels, et sans doute, on doit y comprendre celui de veiller sur les premières années de ses enfants, de suppléer à leur inintelligence, de soutenir leur faiblesse, de guider leur raison naissante et de les préparer au bonheur [...]. Il faut donc que la puissance publique se borne à régler l'instruction, en abandonnant aux familles le reste de l'éducation. » Si les aspects religieux sont à exclure du domaine scolaire car ils relèvent de l'éducation familiale, la morale fait partie de l'instruction, mais doit être fondée sur la recherche de la vérité et s'éloigner de tout endoctrinement. Robespierre et ses amis conservent ce projet d'éducation pour tous mais, au nom de la formation citoyenne, ils pensent à organiser des internats qui éduquent aux valeurs républicaines

---

1. CONDORCET, *Cinq Mémoires sur l'instruction publique*, GF Flammarion, Paris, 1994, p. 64.

les enfants de cinq à onze ans afin de les rendre « dignes de la République ». Ils rejettent la distinction faite par Condorcet entre instruction et éducation. Il faut s'opposer à l'influence des familles et inculquer aux enfants les idées et comportements nécessaires à la République pour la régénération de l'homme et de la société.

L'Université impériale, composée d'académies, veille sur les facultés, les lycées, les collèges, les pensions et les écoles. Elle s'inspire des modèles révolutionnaires. Un catéchisme impérial tient lieu d'instruction civique. Les circonstances ne permettront pas l'ouverture d'écoles pour tous les enfants, ni selon le modèle de Condorcet ni selon le modèle montagnard ou napoléonien. Toutefois, il restera des projets républicains un lien indissoluble entre enseignement et progrès, école pour tous et citoyenneté. En créant un enseignement moral et civique qui échappe à la religion et rejette le dogmatisme, les pédagogues de la fin du XVIIIe et du XIXe siècle posent aussi le problème de l'exercice de la liberté de pensée dans le cadre d'un enseignement normé et obligatoire. Les risques d'endoctrinement se profilent tout au long des XIXe et XXe siècles, associés, chez les conservateurs, à la crainte d'une remise en cause de l'ordre social et du recul des principes religieux. Néanmoins le projet d'une école obligatoire pour tous et gratuite est lancé de même que le débat entre instruction et éducation, entre morale et religion, partagée ou non entre les familles et l'école. La rupture entre l'Église catholique et la Ire République mêlera à ce débat celui de la place de l'enseignement religieux dans les écoles publiques. La généralisation de l'instruction est souvent débattue au XIXe siècle, les opinions oscillant entre les besoins économiques et des propositions philanthropiques. Dès 1833, la loi Guizot organise un enseignement élémentaire où l'on enseignera l'instruction morale et religieuse, l'écriture, la lecture...

Guizot[2] présente sa loi comme devant assurer « l'ordre et la stabilité sociale ». Il faut dire que le suffrage censitaire conduit à ce que ni les maîtres ni la plupart des parents qui envoient leurs enfants à l'école publique ne votent. Mais lorsque le gouvernement de 1848 proclame le suffrage universel, une lettre adressée aux instituteurs par le ministre Hippolyte Carnot les invite fortement à « contribuer pour leur part à fonder la République ». Cette mobilisation de ceux qui deviendront « les hussards de la République » réveille les appréhensions des conservateurs à l'égard de l'école publique, de ses maîtres et de sa morale. La loi Falloux les rassure et permet à l'Église de reprendre en main les écoles de garçons et surtout celles de filles. Duruy brise cet essor et redonne vigueur à l'école publique en attendant que les lois de Jules Ferry fixent en 1882 l'école républicaine, obligatoire et laïque.

Jules Ferry, l'école républicaine pour les classes populaires

Les lois de 1882 imposent la fréquentation scolaire à tous les enfants et obligent l'État à payer les instituteurs, tandis que les communes doivent construire des écoles. Après bien des débats, l'enseignement religieux est interdit. La première discipline enseignée à l'école est la « morale laïque et commune » fondée sur « l'altruisme, l'amour de l'humanité et les valeurs acceptées par tous ». À ce volet moral s'ajoute un volet plus politique car le maître doit développer chez l'enfant « l'amour de la République, de la France, de la patrie et de l'État ». Cette éducation n'est prévue que dans les programmes de l'école

---

2. Voir Yves GALUPEAU, *La France à l'école,* coll. « Découvertes », Gallimard, Paris.

primaire, puis des écoles primaires supérieures, établissements gratuits. Elle n'existe pas dans les lycées que fréquentent les enfants de la bourgeoisie dès l'âge de six ans. L'éducation civique n'est donnée qu'aux enfants du peuple qui, à cette époque, sont en majorité des petits campagnards. Les cours d'éducation civique et morale s'attachent surtout à affranchir les enfants de l'Église tout en conservant une morale très conforme à l'ordre établi insistant sur le respect dû à Dieu, aux parents, aux supérieurs et aux autorités. La morale est aussi fortement imprégnée de patriotisme. La défaite de 1870 est imputée aux insuffisances de l'école française par opposition à l'école allemande qui aurait mieux formé les jeunes Allemands. Les cours de morale sont complétés par des cours de géographie et d'histoire. La géographie valorise l'espace français dans ses « limites naturelles », l'histoire présente les héros qui ont contribué à l'installation de la république. Enfin, le livre de lecture *Le Tour de France de deux enfants* donne l'exemple de jeunes héros patriotiques qui découvrent l'espace national et les grands hommes du passé. La mise en pratique de cette morale laïque n'est pas aisée. Beaucoup d'instituteurs sont perplexes, d'autant plus qu'ils sont en majorité catholiques tout comme leurs élèves. Le 17 novembre 1883, Jules Ferry, président du Conseil et ministre de l'Instruction publique et des Beaux-Arts, adresse une lettre[3] aux instituteurs pour préciser le contenu de ces leçons de morale. Comme Condorcet, il distingue « l'enseignement religieux qui appartient aux familles et l'instruction morale qui appartient à l'école [...]. Sans doute, le législateur a eu pour premier objet de séparer l'école de l'Église, d'assurer la liberté de conscience des maîtres et des élèves [...]. Mais, la loi [...] affirme la

---

3. De larges extraits du texte de cette lettre sont publiés dans *La France à l'école, op. cit.,* p. 130.

volonté de fonder chez nous une éducation nationale et de la fonder sur les notions du devoir et du droit que le législateur n'hésite pas à inscrire au nombre des vérités que nul ne peut ignorer [...]. L'instituteur, en même temps qu'il apprend aux enfants à lire et à écrire, leur enseigne aussi les règles élémentaires de la vie morale qui ne sont pas moins universellement acceptées que celles du langage et du calcul ». Et de préciser plus loin : « J'entends simplement cette bonne éducation que nous avons reçue de nos père et mère et que nous nous honorons tous de suivre dans les relations de la vie, sans nous mettre en peine d'en discuter les bases philosophiques. » Enfin, pour compléter cet enseignement, le maître doit servir d'exemple : « On a compté sur vous pour leur apprendre à bien vivre par la manière même dont vous vivez avec eux et devant eux [...]. C'est surtout hors de l'école qu'on pourra juger ce qu'a valu votre enseignement. » Comme Condorcet, Jules Ferry place l'éducation civique et morale au service de la République et de ses valeurs avec la notion centrale de la dignité liée à la qualité d'honnête homme. Il insiste sur l'exemple et sur le décalage dans le temps et dans l'espace entre les apprentissages et l'évaluation de leur pertinence. Notons toutefois que cette lettre aux instituteurs distingue trois volets dans cette instruction morale et civique : l'apprentissage des règles fixant droits et devoirs, la description des institutions et de leur fonctionnement, et la formation par l'exemple. De nombreux manuels d'instruction civique et morale, dont ceux de Paul Bert, s'efforceront d'associer la connaissance des institutions, la morale et le civisme. Pour Paul Bert, il s'agit de « former des hommes et des femmes dont l'âme fortement trempée ne subordonne pas l'idée de la morale aux croyances religieuses[4] ».

---

4. Avant-propos du livre de Paul BERT, *Manuel d'instruction civique,* paru en 1881.

Mais, à la différence des projets de Condorcet, les textes et programmes de l'école de la IIIᵉ République sont orientés par un patriotisme revanchard. On apprend l'hymne national, on glorifie le drapeau, on apprend des poésies et des chants patriotiques [5]. Dans un livre de 1895 [6], le cadre de ces leçons de morale est fixé dans la préface : « Chaque matin, au commencement de la classe, après un chant, une élève lira à haute voix le développement d'une pensée morale. Les autres élèves suivront attentivement dans leur livre. Toutes se tiendront debout, dans l'attitude du recueillement. La maîtresse lira à son tour, commentera et expliquera. Puis les élèves s'assiéront et la classe commencera. » Les lectures d'octobre et de novembre sont consacrées à la famille, celles de décembre et janvier à la vie à l'école, puis jusqu'à mi-juin à la société, ce qui englobe la « patrie ». Devoirs envers notre âme. Les biens extérieurs ». La fin de l'année est réservée pour des lectures portant sur les « devoirs envers nos semblables. Devoirs envers Dieu ». Les lectures du mois de mai, orientées vers la vie professionnelle s'intitulent : « Si je deviens ouvrière ou employée », « Si je deviens commerçante », « Si je suis en place chez les autres », « Si je deviens mère de famille », ou encore « Pourquoi l'économie est un devoir ». Le ciblage socio-économique est transparent. Il s'agit d'amener les petites filles des campagnes à se comporter dignement dans les situations qui seront les leurs en respectant les hiérarchies sociales du moment. Elles doivent être économes, charitables, franches, discrètes, respectueuses de la propriété

---

5. Le patriotisme militant est fortement repris par les journaux enseignants. Voir le livre de Mona OZOUF, *L'École, l'Église et la République, 1871-1914*, « Histoire Points », Éditions Cana/Jean Offredo, Paris, 1982.

6. L. Ch. DESMAISON, *Pour le commencement de la classe (filles), 200 lectures morales quotidiennes*, Armand Colin et Cie, 6ᵉ éd., Paris, 1895.

d'autrui, de sa liberté, de ses opinions y compris religieuses. L'école gratuite est présentée comme un bien précieux : « Autrefois, l'école n'était pas gratuite et les pauvres ne savaient rien [...]. Autrefois les écoles étaient rares et il fallait prendre beaucoup de peine pour s'y rendre [...]. Autrefois les salles de classe étaient laides et tristes ; aujourd'hui elles sont grandes, claires et bien décorées. » Ces lectures se terminent par une maxime comme :

– « Soyez assidues au travail car plus tard vous en recueillerez les fruits. »

– « Aimez le travail, grâce à lui vous ne connaîtrez pas l'ennui. »

– « Cherche ton bonheur dans le bonheur des autres, voilà le moyen d'être heureuse. »

– « Entraidons-nous, voilà la vraie maxime de fraternité. »

– « La famille se continue comme une grande chaîne dont tous les anneaux sont solidement attachés les uns aux autres par la tendresse, le respect, le souvenir. »

Une morale bien adaptée à son temps mais qui, par sa forme et par son fond, est souvent en porte à faux avec la société actuelle qui reconnaît que le travail peut être ennuyeux et les loisirs valorisants, qu'une femme peut rechercher le bonheur personnel...

Dans le contexte de la séparation de l'Église et de l'État qui intervient en 1905, la morale civique, qui sera souvent confondue avec la laïcité, est attaquée par tous les courants de pensée hostiles aux idées républicaines : l'Église et les socialo-anarchistes. En 1887, l'instruction civique est séparée de la morale et rattachée à l'histoire et à la géographie. Dans l'entre-deux-guerres, la morale revient en force tandis que seuls les enfants de classe de fin d'études ont un cours d'initiation civique car eux seuls sont considérés comme assez mûrs pour comprendre les institutions républicaines.

Pétain : éducation morale et patriotique

Le gouvernement du maréchal Pétain prévoit dans les programmes de l'école primaire élémentaire de 1941 une « éducation morale et patriotique ». Patrie, famille et devoir social en sont les principales notions. Le devoir social est l'amour du travail, la conscience professionnelle, la tolérance, et repose sur la reconnaissance du rôle du chef à qui l'on doit respect et obéissance. L'instruction civique englobe l'organisation de la nation, les divisions – justice, armée, marine –, l'éducation nationale et les œuvres de jeunesse. Les instructions parues en 1942 commentent les programmes. Le mot « patrie » y tient une place de choix, associé à « devoirs » et « discipline », mots qui imbibent les discours du Maréchal. « Ainsi l'enseignement moral et civique doit faire comprendre à l'enfant que la vie individuelle est subordonnée à des fins supérieures qui la conditionnent et la dépassent. » « Moralité », « discipline » et « correction dans la conduite » doivent être développées à l'école tandis que toute pédagogie libérale est signalée comme dangereuse. L'importance de l'exemple est une fois de plus soulignée. Il est indispensable qu'une sorte de catéchisme nationaliste donne au citoyen une orientation civique précise : « [...] une feinte impartialité n'est que leurre et mensonge. [...] Aux idées issues de la philosophie du XVIIIᵉ siècle aggravées par les théories scientistes et sociologiques, il s'agit de substituer les idées qu'inspire la révolution nationale [...] ». Les livres scolaires véhiculent cette idéologie. Dans le livre *Histoire de la France racontée par Louis de Saint-Quentin* et destiné aux cours élémentaires, la page d'introduction au XXᵉ siècle délivre un message clair :

« Supposez qu'on vous dise : "Pour diriger votre classe, vous allez choisir l'un d'entre vous qui va désormais remplacer le maître." Croyez-vous que c'est le meilleur élève qui sera élu ? Ce bon élève vous dira : "Si je suis chargé de vous, je vous ferai travailler sérieusement, et je n'admettrai aucun désordre." Cependant que le plus mauvais élève déclarera : "Si vous me nommez, vous n'aurez plus ni devoirs ni leçons. Vous pourrez vous amuser pendant tout le temps de la classe." Ne pensez-vous pas que c'est ce dernier qui aura le plus de succès ? C'est ce qui arrive en république. Ceux qui sont élus, ce ne sont pas ceux qui veulent agir dans l'intérêt national, ce sont ceux qui font aux électeurs les plus belles promesses. »

L'histoire de France est présentée de telle sorte qu'elle renforce les options politiques et idéologiques du moment. Au chapitre intitulé « La Gaule », on peut lire : « L'armée romaine n'étant plus assez forte pour les défendre, les Gaulois font appel aux Francs qui étaient une tribu de guerriers germaniques vivant dans le nord de la Gaule. Les Francs arrêtent une nouvelle invasion, et les habitants de la Gaule leur demandent de rester dans le pays pour les protéger. [...] Les habitants de la France, sont, comme vous le voyez, un mélange de Gaulois, de Romains et de Francs. C'est pour cela qu'ils ont les qualités des trois races. » La foi en les vertus de l'éducation pour former le jugement des citoyens manifestée par Condorcet et les révolutionnaires ou par les hommes de la IIIe République est dévoyée et utilisée pour asseoir les idéologies fascistes.

Louis François, l'instruction civique dans le secondaire

En 1945, il est indispensable de tirer la leçon des exactions et martyrs engendrés par les idéologies fascistes. La morale continue à être enseignée dans les écoles communales où, chaque matin, les enfants calligraphient, comme au temps de Jules Ferry, des phrases écrites au tableau par les maîtres qui restent dans la tradition de la IIIᵉ république. La laïcité sert de référence éthique, de garantie d'objectivité et d'apolitisme pour l'enseignement civique dans les collèges [7] et les cours complémentaires. Mais la grande nouveauté est la création d'un cours d'instruction civique dans les lycées. M. Louis François, inspecteur d'histoire et de géographie et ancien résistant, impose cette discipline afin de promouvoir le respect des droits de l'homme et de lutter contre le retour des idéologies fascistes. À raison d'une heure par semaine, il s'agit « d'initier l'enfant, entre 11 et 15 ans, à la vie morale et sociale qu'il aura à suivre ». Il doit y avoir initiation à la vie morale, à la vie politique, à la vie économique. Pour la morale et le civisme, il n'y a pas de programmes par classe : « La formation dépend beaucoup moins de l'enseignement proprement dit que de la manière de vivre et d'agir susceptible d'être développée par un certain régime éducatif, un certain aménagement de la vie scolaire. Il faut tendre à transformer progressivement la classe ou même l'établissement en une petite société organisée où puissent effectivement naître et s'exercer les vertus des futurs citoyens [...]. En fait l'enseignement moral doit vivre de la vie elle-même. » Le programme précise ce qui est à placer sous le concept de morale pratique : la discipline individuelle, les vertus professionnelles, la vie en groupe, la famille, le groupe social, la cité. L'initiation à la vie économique et politique est regroupée sous le nom d'instruction civique et un programme est fixé pour chaque classe. En 1948, la morale est supprimée comme discipline ayant un

---

7. En 1941, la réforme de Jérôme Carcopino transforme les écoles primaires supérieures en collèges. Des sections modernes, c'est-à-dire sans enseignement du latin, permettent l'accès au baccalauréat.

programme. Tous les professeurs doivent participer à cette éducation. C'est le début de la période de la guerre froide, marxistes et non-marxistes redoutent l'endoctrinement. Une liste de sujets d'étude possible est officiellement fixée pour le second cycle et certaines questions, au choix, pourront être traitées dans les limites de neuf à onze heures par an. Les instructions parues au *Bulletin officiel de l'Éducation nationale* recommandent que le président de l'association des parents d'élèves assiste aux séances du conseil intérieur consacrées au choix des sujets. Pour l'inspecteur François, l'enseignement moral ne doit pas être un cours, mais un moment d'échange entre le professeur et les élèves, mais force lui est de constater, lors de ses inspections, que morale et instruction civique sont peu pratiquées et que, lorsqu'elles le sont, c'est sous forme de cours [8]. Quant aux sujets d'instruction civique, les professeurs, en général, les ignorent et consacrent ces heures à de l'histoire, tout aussi formatrice à leurs yeux. Il faut dire que Louis François était un farouche partisan des méthodes actives, des clubs. Regardant le programme de 1945 resté lettre morte, il écrit : « Nous avons déversé un superbe programme sur un personnel qui a l'habitude d'enseigner avec des manuels, en dictant des résumés, qui n'a aucune pratique des méthodes actives. »

Les élèves de cette époque ont-ils souvenir de cours de morale ou d'instruction civique, de cahier ou de livre pour cette discipline ? Peut-être pas plus que d'un enseignement fondé sur des méthodes actives, à l'exception des quelques-uns qui ont fréquenté les « classes nouvelles ».

Cette association faite il y a cinquante ans entre éducation morale et civique et méthodes actives mérite d'être

---

8. Voir la revue *Historiens Géographes*, n° 359, octobre-novembre 1997, « Entretien avec Louis François ».

soulignée. Actuellement encore, l'enseignement français est toujours marqué par des cours donnés dans chaque discipline, le professeur exposant le savoir que l'élève doit écouter, noter et apprendre. L'introduction d'autres méthodes pour l'acquisition des savoirs reste marginale et contestée, sinon refusée, par une majorité de professeurs. Les projets actuels visant à introduire ou revitaliser un enseignement portant sur la citoyenneté dans les écoles primaires et secondaires rouvrent ce débat. La formation du citoyen de l'an 2000 ne peut pas plus qu'en 1945 se construire par la transmission linéaire de connaissances.

Les années 70, les résistances du système

Mai 68 traumatise les professeurs dans l'enseignement secondaire. Les revendications exprimées par les lycéens soutenus par certains de leurs enseignants lors des assemblées tenues au cours de ce tumultueux printemps remettent en cause la discipline traditionnellement admise. Les professeurs n'osent plus ni noter ni sanctionner. De nouveaux droits sont octroyés aux collégiens et lycéens, tels que la présence des délégués de classe aux conseils de fin de trimestre.

L'organisation des cours et de l'enseignement restent inchangés. Après quelques innovations et quelques ouvertures vers un meilleur dialogue entre professeurs, élèves et familles, les habitudes anciennes reviennent dans la majorité des établissements et des disciplines.

Les foyers socio-éducatifs sont créés dans les établissements secondaires pour permettre aux lycéens de prendre des responsabilités et d'exercer leur droit à la liberté d'expression. En dehors des disciplines et des cours, ils peuvent s'ouvrir « à une information philosophique et religieuse, économique et sociale, politique et civique », sous le contrôle du chef d'établissement. Plus ou moins rapidement selon les établissements, les élèves disposent désormais d'une salle de réunion souvent transformée en une cafétéria ou en un lieu de lecture ou de discussion utilisé lors des interclasses. Jusque dans les années 1975-1980 et de façon inégale selon les lycées, les foyers chapeautent les clubs et organisent diverses manifestations invitant des personnes extérieures, mais leur dynamisme s'étiole. Petit à petit, le ciné-club et la cafétéria restent les activités les plus fréquentes. L'impact sur les lycéens de l'organisation SOS-Racisme redonnera à certains d'entre eux un regain de vitalité vite étouffé par la frilosité des chefs d'établissement et des professeurs. Au nom de la laïcité, seules des organisations reconnues par le ministère de l'Éducation nationale, telles que Amnesty International, la Ligue des droits de l'homme, ATD Quart Monde, les organisations de résistance ... ont le droit de pénétrer dans l'école. Les personnes qui interviennent font des conférences d'information de qualité, mais les sujets restent le plus souvent éloignés du vécu des jeunes ou assez théoriques. Ces organisations ne sont que rarement connues des élèves et leurs conférenciers interviennent le plus souvent à l'initiative des professeurs. Ces interventions, pour intéressantes qu'elles soient, sont ponctuelles et en nombre trop limité. Elles n'entraînent l'intérêt ou l'enthousiasme que des élèves déjà sensibilisés si la démarche entreprise dans le cadre du foyer n'est pas reprise dans les cours. Or, même dans les années les plus dynamiques, les foyers socio-éducatifs comme les clubs restent des structures en marge de l'organisation de l'enseignement. Ce que les élèves y apprennent ne fait pas partie de ce qu'il est important de savoir pour obtenir une bonne note au prochain devoir ou au prochain examen. Cela ne fait pas partie du *curriculum* obligatoire, et repose sur le volontariat. Leur portée est très limitée et le plus souvent éphémère.

Pour les partisans du civisme à l'école, les foyers socio-éducatifs doivent renforcer la discipline éducation civique et permettre la mise en pratique des principes et valeurs sous-tendant les cours d'une discipline qui semblait, dans la foulée de Mai 68, promise à un nouvel essor. Dans les textes, l'instruction civique devient éducation civique, ce qui fait espérer qu'à la simple description des institutions sera associée une éducation civique fondée sur les principes et valeurs exprimés par la *Déclaration universelle des droits de l'homme*. On rêve même de l'introduction de la discipline éducation civique dans le second cycle où les clubs et les foyers éducatifs accueilleraient les initiatives des élèves. Les espoirs sont déçus. L'éducation civique ne concerne que le premier cycle du secondaire et les contenus ne changent pas et restent fortement tournés vers l'institutionnel.

Cantonnée aux années de scolarité obligatoire mais oubliée des enseignants du secondaire puis du primaire, l'instruction civique survit cahin-caha jusqu'aux années quatre-vingt. Pourtant, si les contenus choisis par les professeurs dans le cadre des programmes correspondaient à quelque expérience sociale directe ou médiatisée qui préoccupait les élèves, ceux-ci étaient passionnés par ces séances de discussion sur les rouages du pouvoir et de l'administration. Ils étaient avides d'apprendre ou d'informer, chacun de son point de vue et selon son type de vie. Les élèves filles d'un lycée parisien situé dans le quartier des Invalides, proche des bureaux de l'UNESCO et de nombreuses ambassades, étaient intarissables sur l'organisation des relations internationales, les ambassades et les consulats, l'administration fiscale ou judiciaire. Les élèves d'un collège de banlieue de l'Est parisien s'intéressaient aussi à la justice, mais l'angle de vue avait changé et les droits de visite dans les prisons ou les papiers à fournir pour conserver les allocations familiales rendaient bavards les enfants de la cité d'urgence voisine, tandis que les enfants des personnels navigants de l'aéroport de Paris, tout proche, se penchaient plutôt sur le droit des frontières.

En 1974, de nouveaux programmes d'histoire, de géographie et d'initiation à la vie économique, sociale et politique sont promulgués dans le cadre de la réforme Haby, du nom du ministre de l'époque. Ils étaient fondés sur les résultats de travaux menés durant les cinq années précédentes par des équipes de professeurs participant à des recherches appliquées, dirigées par l'Institut national de recherche pédagogique, en histoire-géographie-éducation civique [9].

Dans la tradition française, un seul professeur enseigne l'histoire et la géographie, et très souvent l'éducation civique. Cette situation est unique en Europe. Dans les autres pays, les historiens relèvent des disciplines littéraires. En Italie, par exemple, l'enseignement de l'histoire est plutôt associé à celui du latin, de l'italien ou d'une langue vivante. Les géographes sont issus de facultés scientifiques et associent, à l'enseignement de la géographie, celui d'une discipline scientifique comme la physique, pour prendre l'exemple du lycée britannique de Bruxelles.

En France, l'organisation de l'enseignement par discipline conduit le plus souvent à ce que la polyvalence de l'enseignant ne modifie pas ou peu, pour l'élève, l'approche des sujets traités en histoire, en géographie ou en éducation civique. Les élèves ont un cahier pour chaque discipline, et les sujets sont traités dans l'ordre du programme comme si trois professeurs intervenaient. Cela est largement dû au fait que les enseignants du secon-

---

9. Cette recherche disciplinaire s'intégrait, au niveau des collèges, dans la recherche dirigée par Louis Legrand sur le collège structuré en groupes de niveaux; *Vers un autre collège*, n° 118, INRP 82, collection « Recherches pédagogiques ».

daire pensent les contenus des disciplines qu'ils enseignent comme une simplification de ce qu'ils ont eux-mêmes appris à l'Université. On en dit moins sur chaque sujet, on le dit avec des mots plus simples, on abrège, mais on mime les cours donnés à l'Université pour les futurs historiens ou géographes. Certes, les textes du *Bulletin officiel* qui accompagnent les programmes recommandent de tenir compte de l'âge et de l'intérêt des élèves et d'exploiter le plus possible les occasions de rapprochements possibles entre toutes les disciplines, particulièrement pour celles qui sont enseignées par le même professeur. Dans la réalité des classes, cela reste l'exception, les cours se succèdent et les contenus se juxtaposent, l'élève étant supposé faire le lien entre ce qui lui est enseigné ici et là et se passionner pour le sujet au programme. Ses intérêts personnels ou son expérience scolaire antérieure ou sociale ne sont pas pris en compte.

Pensant que les contenus des cours dispensés au collège et à l'école primaire ne doivent pas être qu'une simplification des cours universitaires, les professeurs d'histoire-géographie engagés dans la recherche « Legrand » avaient organisé les disciplines en les regroupant. Certes, les travaux universitaires des spécialistes historiens ou géographes fournissaient les contenus enseignés dans les trois disciplines, mais l'organisation de l'enseignement était modifiée. L'histoire, la géographie, l'instruction civique, les sciences naturelles constituaient les disciplines d'éveil à l'école élémentaire. Au collège, l'histoire, la géographie et l'éducation civique étaient regroupées sous le nom de sciences humaines. Le but était de faire ressortir de l'étude du passé les éléments nécessaires à la compréhension du présent et de redonner sa place à l'éducation civique quasi disparue en intégrant des éléments de sciences économiques. C'était aussi réintroduire des méthodes actives plaçant l'élève en situation de découvrir les faits du présent ou du passé et de les comprendre à son niveau. Au collège, certaines parties du programme devenaient diachroniques, les études étant menées de l'Antiquité à nos jours, ce qui permettait de souligner les constantes et les ruptures. Les institutions actuelles étaient mises en relation avec celles du passé.

La désapprobation fut générale. Englobée dans une réforme d'un gouvernement de droite, la réforme fut rejetée par les professeurs de gauche, qui rejoignaient ceux de droite pour dénoncer la fin de l'histoire, le début de l'âge noir fondé sur l'ignorance. L'affaire fut conclue lorsque, documents à l'appui, il fut montré que des élèves de seconde ne savaient plus rien en histoire. Les activités d'éveil et l'histoire diachronique en étaient responsables ainsi que cet amalgame : les sciences humaines. Il fut simplement oublié que la cohorte interrogée n'avait pas été formée à l'école primaire ou au collège par les nouveaux programmes, mais par les anciens, les nouveaux n'étant entrés en application qu'année après année et après que les élèves testés avaient fréquenté ces classes. Pour des historiens habitués à manier le temps, cela ne manquait pas de sel. Par ailleurs, les activités d'éveil ou l'histoire diachronique demandaient une approche trop différente de l'approche traditionnelle. Peu d'instituteurs ou de professeurs s'y risquèrent et elles disparurent, ou presque. Comme en 1945, les projets étaient bons, à quelques remodelages près, mais s'adressaient à des professeurs qui, isolés, chacun seul face à ses élèves, n'avaient pas la possibilité d'y réfléchir, d'en comprendre les objectifs et de les mettre en pratique. Comme ailleurs, le passage de la recherche à la production de série ne va pas de soi !

Il faut reconnaître que, pour les professeurs ayant participé à l'expérimentation et qui, dans leur majorité, étaient attachés à une plus grande participation des élèves aux travaux faits en cours et à l'éducation civique, la désillusion fut grande. En histoire, on assista à un repli sur les découpages chronologiques sans relation avec la complexité des notions abordées et les capacités d'abstraction des élèves. En géographie, on revenait à la description des caractères de chaque région ou État.

Tout recommençait comme avant : de l'écoute d'un cours bien compris, bien construit et bien exposé par le professeur, était supposée découler automatiquement une bonne compréhension pour chaque élève qui écoutait et travaillait. L'élève redevenait ou restait prétexte à un discours magistral calqué sur le modèle universitaire. Enfin, croyant donner un second souffle à l'éducation civique, ils avaient contribué à leur insu à sa quasi-disparition.

Dans les années quatre-vingt, le civisme à l'école est l'affaire de tous les adultes présents dans l'établissement. Les textes insistent à nouveau sur l'idée que la vie dans l'école fournit des occasions de faire de l'éducation civique en ouvrant des débats à l'occasion des événements qui surgissent tant à l'école primaire que dans les divers cours au collège et au lycée, sans exclure les récréations et interclasses. Sans programme, sans horaire, l'éducation civique ne se donne à voir que fort rarement et sa disparition comme discipline entraîne sa disparition tout court. Devenue affaire de tous, elle n'est plus affaire de personne.

La montée de la violence, dès 1979, relance la réflexion sur la morale et le civisme [10]. En 1985 [11], l'éducation civique est à nouveau une discipline à part entière avec

---

10. En 1980, une commission formée par les doyens de l'inspection générale ont, à la demande du ministre Beullac, produit un rapport publié à la Documentation française, intitulé *Enseignement et valeurs morales*.
11. Ministère de l'Éducation nationale, « Éducation civique, éducation aux droits de l'homme, classes des collèges », *Bulletin officiel de l'Éducation nationale*, n° 44, 12 décembre 1985.

son horaire et reprend de l'importance dans les programmes de l'école élémentaire et des classes de collège. Mais dans la réalité des classes, que fait-on ? La réponse n'existe pas car aucune recherche n'a permis l'observation et l'analyse d'un nombre significatif de cours, mais des quelques recherches entreprises, des réflexions recueillies lors de stages, des rapports de l'inspection, d'enquêtes auprès de lycéens, il semble bien que le cours magistral domine, comme il y a trente ans. Toutes les situations existent. Parfois, les élèves n'ont pas de cours car les horaires d'instruction civique sont confisqués au profit de disciplines considérées comme plus importantes telles que l'histoire, le français ou les mathématiques. Parfois, un ou des professeurs engagent leurs élèves dans des séquences de travail personnel ou de travaux de groupe, en les impliquant dans des actions de solidarité ou en leur faisant rencontrer des acteurs de la vie politique, économique et sociale. Les conseils municipaux d'enfants et d'adolescents, le parlement des enfants en sont des exemples parmi d'autres moins médiatisés. Enfin, le plus souvent, des cours d'éducation civique sont faits par des professeurs qui suivent le programme et dans toutes les disciplines, à quelques occasions, on propose aux élèves de parler du racisme, de l'immigration, etc.

Certes, la loi d'orientation de 1989 [12] ouvre des droits aux lycéens et organise des structures pour leur donner l'occasion de les exercer. Elle insiste sur l'intérêt qu'il y aurait à traiter des programmes en fonction des capacités et des questions que se posent les élèves de façon à leur permettre de construire leur savoir, sous la houlette du professeur, plutôt que de les plier aux exigences du programme ou au désir du professeur, l'un n'excluant pas l'autre, évidemment. Les élèves sont invités à prendre

---

12. Loi d'orientation sur l'éducation, *Bulletin officiel,* n° 9, 3 octobre 1991.

des responsabilités, mais le plus souvent en dehors des classes à proprement parler. Douze ans après, cela n'a que timidement fonctionné même si dans tel ou tel établissement de remarquables initiatives ont abouti.

L'institution résiste et lorsqu'en 1996 le civisme est remis au premier plan, face à une violence de plus en plus handicapante pour la réussite de l'enseignement, on retrouve les mêmes interrogations. Que faire ? Comment le faire ? Quelle part revient à l'école ?

L'école est condamnée pour n'avoir pas rempli sa mission civique. Pour certains, il n'y a plus de discipline dans les écoles ni d'éducation aux codes sociaux élémentaires comme la politesse, le respect de l'adulte, l'obéissance, les jeunes étant accusés de ne plus rien respecter et de se comporter comme des brigands. Pour d'autres, la disparition des cours de morale, dont l'enseignement était limité, comme nous l'avons vu, aux seules écoles publiques, explique les difficultés rencontrées et ils émettent le souhait du retour à l'enseignement de la morale comme dans les écoles de la IIIᵉ République.

Ce discours est repris avec force lorsque des « incidents » surviennent dans les quartiers de banlieue où dominent des immeubles collectifs dont les appartements sont occupés par une population aux revenus incertains et faibles, où une majorité de jeunes suivent difficilement les cours au collège et surtout au lycée, et sont rejetés d'abord de l'école puis du monde du travail. L'école n'aurait pas su les former et leur inculquer les valeurs de la démocratie, le respect des règles et le sens de leurs devoirs. Un certain laxisme caractériserait l'école française d'aujourd'hui. Pourtant, ceux qui tiennent ce discours sont souvent aussi ceux qui défendent un *statu quo* de l'enseignement. Toute modification des disciplines enseignées, des connaissances ou des méthodes est dénoncée comme devant entraîner une baisse de niveau catastrophique. L'enseignement donné dans les lycées et collèges serait excellent, à preuve la réussite de certains élèves et la qualité des élites françaises. Le mal viendrait d'un laxisme généralisé quant à la discipline, à la morale et à l'éducation du citoyen. N'est-ce pas là une pure vue de l'esprit qui ne correspond pas à la réalité vécue dans les écoles, mais permet de ne pas prendre les mesures d'ajustement nécessaires ?

Ces reproches sont d'autant plus étonnants que la discipline instruction/éducation civique a accompagné l'école publique, laïque et obligatoire depuis sa création.

L'école a-t-elle été totalement incapable de transmettre cette éducation citoyenne qui ne l'a jamais quittée depuis cent cinquante ans ?

II

CIVILITÉ ET POLITESSE, DES CODES SOCIAUX EN MUTATION

L'un des reproches faits à l'école actuelle est de ne plus dispenser une éducation obligeant les élèves à appliquer les règles de civilité, de politesse. Les élèves ne seraient plus contraints de respecter les règles de vie en groupe. Il n'y aurait plus de discipline à l'école. Les jeunes ne seraient plus polis, ne diraient plus bonjour, ne respecteraient plus rien, n'arriveraient plus à l'heure, se présenteraient mal habillés ou mal peignés... Ces jugements sont ceux d'adultes observant les jeunes, donc de personnes qui avaient l'âge des protagonistes incriminés (entre dix et vingt ans) dans les années vingt pour les arrière-grands-parents, les années trente et quarante pour les grands-parents, les années soixante et soixante-dix pour les parents. C'était hier et les mêmes propos étaient alors tenus par les générations plus anciennes : les mémoires individuelles et les travaux historiques peuvent en témoigner. Chaque génération semble valoriser ses comportements en dénonçant les manquements de la suivante. Comme pour le « niveau » scolaire, il y aurait dégradation de génération en génération et pourtant les connaissances humaines progressent et les générations successives sont de plus en plus formées d'individus aux compétences accrues. Le «laxisme de l'école» relève de cette même attitude négativiste.

Les signes extérieurs de civilité ont changé. Effectivement, la discipline, la politesse, l'habillement ont évolué. Les choses ne sont plus ce qu'elles étaient, mais ces constatations ne concernent pas que la vie à l'école car, à la ville aussi, les salutations matinales, les préséances aux portes, les modes vestimentaires, avec le codage social que cela représentait, ont changé. Il suffit pour s'en convaincre de relire ou de lire *Les Malheurs de Sophie* ou *Jacquou le Croquant*. Le langage lui-même s'est modifié. En témoigne la généralisation du tutoiement, y compris dans les salles des professeurs et sur les lieux de travail. Même les codes écrits sont sur le point de se simplifier, à l'exemple de la convivialité que développe le courrier électronique. L'éducation donnée aux jeunes n'est que le reflet des hiérarchies et des valeurs sociales du moment, qu'elles soient explicites ou implicites, qu'il s'agisse de l'éducation familiale ou scolaire.

Les règles et expressions de politesse courante sont apprises dès l'école maternelle. Dès les premières années d'école, l'enfant entre dans sa classe le plus souvent accompagné. Le maître ou la maîtresse et les aides maternelles répondent à la frimousse tendue par un baiser, une caresse. Le bonjour est très familial et quelques mots sont souvent échangés. Il y a tutoiement réciproque et utilisation des prénoms. Les petits enfants de maternelle ne sont pas dans la classe de Mme X, mais dans la classe d'Anne ou de Cyrille. Une certaine complicité s'établit et les petits disent «merci» et «s'il te plaît». Transfèrent-ils ces apprentissages dans leur famille ? Probablement si la famille l'exige ou les pratique.

Cette éducation-là est marquée, comme tout apprentissage, par le milieu familial. Mais les enfants et les adolescents sont tout à fait capables de s'adapter à des demandes diverses.

Que ce soit à l'école primaire, au collège ou au lycée, nos jeunes gens ne sont pas aussi impolis, aussi mal élevés qu'on veut bien le prétendre. Le plus souvent, lorsque l'adulte leur dit « bonjour », les jeunes répondent par un salut sympathique qui ne mérite d'ailleurs pas de compliments excessifs. S'ils ont l'habitude que l'enseignant leur dise « bonjour », ils sont même assez souvent les premiers à lancer un « bonjour M'sieur », ou « bonjour M'dame ». En dehors de l'école, y compris dans des stages ou des cours pour adultes, le professeur, le formateur ou l'animateur d'une réunion se présente et, à chaque reprise journalière du travail, salue les participants. Aux États-Unis ou en Angleterre, tout cours commence par *hello, hi* ou *good morning* à l'adresse des élèves, enfants, adolescents ou étudiants. Il est vrai que, plus tôt qu'en français, ces petits mots ont suffi sans y accoler madame, monsieur ou mademoiselle. Heureusement, le « bonjour » simple et sonore est de plus en plus pratiqué et la formule familière il y a vingt ou trente ans aux oreilles enfantines, « bonjour qui ? », recule au point de presque disparaître. Force est de remarquer que ce mot marquant le début d'une rencontre et ouvrant aux échanges n'est encore qu'exceptionnellement utilisé par les professeurs, surtout au lycée. Bien des cours commencent par « Qui est absent ? », formule assez amusante, ou « Nous avons vu, la dernière fois... », ou encore « Prenez une feuille... ». La classe est sans doute le seul endroit où l'élève qui arrive en cours d'année n'est pas présenté aux autres, n'est pas invité à prendre la parole pour se présenter lui-même. Il gagne sa place rapidement et le cours commence. Au-delà de l'apprentissage d'usages sociaux courants dont la maîtrise ne peut s'acquérir qu'à l'école, le milieu familial étant d'une autre nature, c'est un premier rite d'entrée dans le groupe.

Pas une minute n'est perdue et toute civilité disparaît au nom de l'efficacité. Dès l'école primaire, davantage au collège et plus encore au lycée, le temps s'accélère car chaque seconde semble précieuse pour que les sujets au programme soient traités le plus exhaustivement possible avant la fin de l'année scolaire. En témoigne la remarque de cet enfant de cours préparatoire parlant de son institutrice : « Je le lui ai dit que tu venais me chercher mais elle ne nous écoute jamais car elle parle tout le temps car elle a trop de choses à nous dire pour le travail. »

On peut avancer une autre interprétation. Saluer l'autre, c'est le reconnaître comme un individu, une personne faisant partie du groupe auquel on participe soi-même en tant que professeur. Mettre en avant des ordres ou des exigences, c'est au mieux marquer concrètement la hiérarchie, au plus refuser de faire partie de ce groupe-là. Les élèves sont maintenus d'un côté, le professeur se place de l'autre et le savoir est transmis. Il atteint qui sait le capter, et celui-là seul pourra, grâce à ses compétences, passer peut-être un jour dans le camp des élites, le camp de ceux que l'on salue.

Des rituels inexistants

L'école n'est d'ailleurs pas organisée pour que des échanges polis ou conviviaux puissent exister. Les arrivées et les départs sont organisés de telle manière que les échanges individuels sont bien moins aisés que dans une usine, un bureau ou un magasin. Les salles et les couloirs se vident ou s'engorgent au coup de sifflet ou au signal d'une sonnerie retentissante. Dans quel autre milieu un tel accueil est-il accepté de nos jours ? Tout cela conduit à ce qu'il n'y ait plus d'accueil du tout et cela dès l'école primaire. La relation de l'individu au monde du travail s'est défaite de tout rite de commencement. Les départs pressés et chaotiques ne sont pas favorables aux échanges. Quant à la période intermédiaire, celle du cours, la plus longue, bien sûr, et la plus importante, celle qui justifie l'ensemble du système, on aimerait qu'elle soit une séance d'échanges courtoisement et efficacement conduite. Souvent, bien au contraire, elle se réduit à l'écoute silencieuse du maître-orateur. On travaille et on se tait. On ne se tait pas toujours d'ailleurs, et l'on peut être passé maître dans l'art de faire semblant d'écouter. C'est tout l'exercice de l'apprentissage des codes de comportements sociaux qui est éludé, même si les lectures et notamment les textes d'exercices sont l'occasion d'utiliser des codes malheureusement stéréotypés.

Les codes de commencement ou de rencontre sont complexes. Ils ne s'intériorisent qu'en situation. Or, à l'école, les échanges entre les élèves et les professeurs se font surtout ou exclusivement sur le mode impératif. L'élève entend : « Asseyez-vous, ouvrez vos cahiers, écrivez, notez, faites attention », mode qui exprime l'autoritarisme, mais est exclusif de toute politesse. Des demandes exprimées au conditionnel ou au subjonctif sont plus risquées car elles tolèrent la réponse négative ou la discussion. On imagine mal un « Voudriez-vous prendre une feuille » car un « non » ferme de la part d'un élève, surtout s'il fait l'unanimité dans la classe, créerait une situation difficile à gérer.

Si le rapport entre l'adulte et les jeunes est un rapport d'autorité, pour ne pas dire de force, le mode impératif s'impose avec le risque qu'il soit imité lorsque l'élève s'adresse au professeur ou à un camarade avec d'éventuelles menaces à l'appui. Ces menaces peuvent être vues comme la transposition des attitudes du professeur

49

qui, sauf rarissime exception, n'injurie pas et ne tape pas, mais condamne par la parole, renvoie du cours ou met un zéro. Dans ce contexte, trouver un modèle et une sphère d'exercice pour les diverses formes de politesse sociale est impossible.

Pourtant, l'institution et les adultes qui y travaillent présupposent la connaissance et la mise en pratique de certaines formes de politesse, et tout manquement est le plus souvent réprimé. Il est étrange de constater que la politesse et la civilité sont enseignées par la négative. Les adultes commentent vertement les manques et les attitudes inadmissibles, le plus souvent alors que l'élève est en train de formuler une demande, de faire une démarche. On dit à tel ou tel élève ce qu'il aurait dû faire après coup, dans un contexte de punition ou de réprimande. Mais punir n'est pas éduquer, c'est même le constat d'échec en matière d'éducation, et souvent l'élève doit chercher tout seul le code *ad hoc* pour l'entrée dans la classe, dans le bureau des surveillants, dans l'infirmerie ou dans le bureau du directeur. À l'école primaire, la civilité pourrait s'apprendre en se rapprochant du modèle de l'école maternelle : reprendre l'enfant, mais sans le gronder comme s'il l'avait fait exprès. Le faire bénéficier d'un préjugé favorable, le croire, *a priori*, de bonne foi. Pour les adolescents et plus encore pour les jeunes adultes, cette attitude devrait encore plus prévaloir, mais elle doit s'accompagner d'une reconnaissance d'égalité de droits entre le professeur et l'élève. Égalité de droits ne signifie pas égalité de pouvoirs. Mais dans la vie sociale qu'implique un travail mené en commun, les mêmes règles s'appliquent à tous les membres du groupe. Si le professeur s'excuse et fournit une explication lorsqu'il arrive en retard, il offre un modèle de formulation orale d'excuse pour retard. Il peut lui arriver d'être désagréable avec un élève par énervement ou mauvaise humeur. S'excuser calmement, après coup et y ayant réfléchi, valorise l'adulte et rétablit des relations normales. L'adulte comme l'élève peut oublier son livre ou son stylo et demander poliment à en emprunter un, le professeur peut se lever ou s'avancer pour accueillir quiconque entre dans la classe et le présenter aux élèves, etc. Autant d'occasions d'installer la convivialité et d'imposer une attitude et un langage réciproque acceptables.

La politesse d'antan était largement soutenue par un rapport hiérarchique très marqué entre les adultes et les enfants et adolescents, ce que l'on désigne très souvent sous le nom de respect. Il est vrai que l'éducation pré- et post-68 a mis à mal cette obligation, assez frustrante d'ailleurs. Dans la plupart des familles, les enfants, sans être sans règles de langage et d'attitude, sont plus ou moins à parité avec les adultes. Nos collèges et lycées n'ont pas entériné cette évolution. On a oblitéré les exigences, faute de pouvoir les imposer tels des dogmes et faute d'accepter une égalité de traitement entre les adultes et les jeunes. Ceux ci l'expriment en disant : « On ne nous respecte pas, on ne nous écoute pas. » Ces reproches mettent en jeu d'autres éléments que cette simple politesse, mais cette civilité élémentaire en fait partie.

L'école permet peu à l'élève d'agir en dehors d'une situation scolaire très normée. Même s'il a bien intégré le code de politesse scolaire que lui impose chacun de ses maîtres depuis son expérience d'élève d'école maternelle, il risque d'être pris de court lorsque, adolescent encore apprenti mais sans guide ni modèle, il devra réussir l'entrée dans un magasin, un bureau, une administration, dialoguer avec un adulte plus au fait que lui, surtout si sa famille ne dispose pas non plus de ces codes. Il faudrait ouvrir aux élèves la possibilité d'observer et de pratiquer ces codes avec l'aval protecteur de l'institution, mais à l'extérieur de l'école. Or, comme nous le verrons, les aires de pratique sont rares et les pratiques orales oblitérées par l'omniprésence de l'écrit.

Un code bourgeois qui perdure

Reste à se demander quel code est imposé par l'école ? Ou à quelle catégorie sociale l'école emprunte-t-elle son code ? Il est difficile de répondre, mais divers indices tels que la nature des manuels, les méthodes d'enseignement, l'abandon des études surveillées montrent que, depuis la réforme de 1941 qui aligne les écoles primaires supérieures, devenues collèges, sur les lycées, puis celle de 1974 qui crée le collège unique et supprime les cours complémentaires, l'école secondaire pour tous s'est alignée sur le modèle qui, il y a cinquante ans, avait été conçu pour des enfants issus de la bourgeoisie [1]. Encore aujourd'hui, beaucoup de professeurs de collège ont commencé leur carrière dans des premiers cycles de lycées qui n'accueillaient que des élèves de « type un », c'est-à-dire des enfants qui sortaient de l'école primaire en maîtrisant la lecture, l'écriture et le calcul et étaient promis à réussir le baccalauréat et à former l'élite de la nation. Peu d'enfants de milieu populaire en faisaient partie et les codes scolaires reprenaient ceux du milieu d'origine. Enfin, le recrutement sociologique des pro-

---

1. Jusqu'en 1974, même si l'examen d'entrée en sixième n'existait plus, les enfants sortant de l'école primaire étaient, au vu de leurs résultats scolaires, classés en « types » un, deux ou trois. Les enfants dits de « type un » étaient les futurs bacheliers et leurs futurs enseignants, les professeurs de lycée. Les enfants de « type deux » étaient les futurs titulaires du brevet d'étude des collèges et destinés à un enseignement court sous la houlette de professeurs d'enseignement général de collèges. Les enfants de « type trois » étaient envoyés dans des classes de transition, confiés à des instituteurs. Les méthodes d'enseignement et les pratiques pédagogiques étaient pour les premiers dans la tradition des lycées, pour les deuxièmes et les troisièmes dans la tradition des anciennes écoles normales. Lors de la création des collèges, le modèle du lycée l'emporta dans la plupart des cas car tout le système éducatif voulut se calibrer sur le modèle le plus proche du modèle universitaire, garant de la qualité des contenus. Les manuels scolaires devinrent ceux destinés aux meilleurs élèves, les études surveillées disparurent, le cours magistral devint la norme.

fesseurs, malgré sa diversité, fait que le monde des adultes dans les lycées et collèges est conditionné par une éducation plutôt bourgeoise tandis qu'une proportion plus ou moins grande d'élèves sont issus de familles plus modestes. La ségrégation sociale des banlieues et des centres-ville s'accentuant, le hiatus entre les adultes et les jeunes est total dans certains établissements.

Pour les professeurs, accepter d'écouter des jeunes au « look » déconcertant, qui s'expriment dans une langue incorrecte, voire argotique ou vulgaire, oblige à une certaine distanciation par rapport à la fonction principale des enseignants qui est d'enseigner le vrai, de réagir en termes de bon ou de mauvais et de sanctionner le mauvais. Des comportements considérés comme très déviants influent sur le jugement du professeur.

Les codes de certains jeunes sont incompréhensibles pour l'adulte qui risque alors de faire des erreurs de jugement, surtout si un certain *a priori* fait que ces différences sont perçues comme agressives ou appartenant à une sous-culture. Pour les jeunes, accéder au code scolaire bourgeois et policé n'est pas aisé et demande un apprentissage. On pense souvent aux difficultés des enfants et des parents non francophones, mais on rencontre des parents français fort embarrassés par une pratique de la langue française qui les handicape pour solliciter un rendez-vous avec un chef d'établissement, un professeur ou pour tenir une conversation argumentée. Des professeurs principaux ou des membres d'association de parents d'élèves sont sollicités comme intermédiaires pour permettre le dialogue. Le jeune hérite de ces handicaps et les ressent, mais sans être toujours capable de les repérer pour les dépasser.

L'école doit à la fois tolérer les « faux pas » de comportement et de langage afin de permettre à chaque jeune de prendre sa place dans le groupe, mais doit aussi aider au repérage des manques afin d'améliorer comportement, apparence et vocabulaire, pour essayer de rendre plus aisée la rencontre des autres quels qu'ils soient. Corriger, mais ne pas sanctionner sans vérifier qu'il y avait eu, effectivement, intention de nuire. La sanction appliquée à ce qui n'était que langage ou comportement relevant d'un autre code rend l'adolescent honteux de son héritage familial et développe ce que certains jeunes appellent la « haine ».

Tout professeur comme tout parent entend à une occasion ou une autre quelques mots grossiers qui expriment, avec quelque raison ou par pure bravade, une opinion peu flatteuse sur tel ou tel comportement. Un élève à qui il vient d'être dit fermement que le travail fait mais bâclé est à refaire et à améliorer conclut par « elle me fait vraiment ch... ». Le professeur se doit d'entendre, et l'élève tout naturellement prétend que ce n'est pas « elle » mais « ça ». Mieux vaut l'admettre. Dans les faits, le « elle » et le « ça » sont fortement liés. En revanche, le vocabulaire est de toute façon inadapté, qu'il porte sur la personne ou sur la tâche, et doit conduire à s'excuser pour n'avoir pas su maîtriser sa mauvaise humeur, somme toute compréhensible. Mieux vaut prendre pour un faux pas ce qui était éventuellement une sournoise et provocante malveillance verbale que de sanctionner en risquant de se méprendre sur la portée des mots et en gâchant une occasion d'éduquer à un comportement nécessaire dans les rapports sociaux et professionnels.

L'école se doit d'élargir le cercle social de chaque enfant et de chaque jeune. Pour cela, elle doit aussi instruire aux codes de langage et de comportement valorisants, tout comme elle le fait au plan intellectuel. Aucun professeur n'hésite à introduire et à imposer de nouveaux savoirs dans les têtes. Pourquoi ne pas introduire et imposer aux élèves des comportements en relation avec les normes et les codes du moment ? Ceux-ci sont, certes, fortement dictés par les hommes et femmes appartenant aux classes dirigeantes, mais les refuser comporte des risques que les enseignants eux-mêmes s'efforcent de minimiser pour leurs propres enfants en les obligeant à s'y plier. Il ne s'agit pas de revenir à une éducation rigide et coercitive ni de remplacer un code par un autre code, mais d'apprendre à un jeune à maîtriser son niveau de langue et à l'adapter à ses interlocuteurs et au contexte dans lequel il s'exprime, dans le but de renforcer son autonomie et de l'aider à se placer sur un pied d'égalité par rapport à des jeunes qui reçoivent cette éducation dans leur famille.

Sans chercher à lister les bons comportements pour les opposer aux mauvais, l'expérience sociale qu'ont les adultes leur permet, à l'aune de leur bon sens, dans le respect de l'élève, de signaler avec force les manques et de proposer d'autres solutions. À noter que les professeurs de classe préparatoire aux écoles de commerce n'hésitent pas à imposer à leurs élèves une tenue et une présentation adaptées aux épreuves orales des concours. Des « colles » d'entretien sont organisées en faisant appel à des parents qui ont une profession qui les pose comme experts. Il est très antidémocratique de refuser ce type d'éducation aux jeunes qui ne la recevront de nul autre et grave de s'y refuser au nom d'une liberté de comportement qui est pénalisante pour ces jeunes et que l'école elle-même sanctionne, allant parfois jusqu'au rejet. Là encore, il faut ouvrir des aires de pratique où ces comportements prennent sens positivement ou négativement.

Cela se fait dans certains établissements, mais le plus souvent à la marge et en dehors des heures de cours, alors que celles-ci constituent l'objet prioritaire de toute l'école. Les progrès réalisés dans le domaine du comportement social par les élèves qui s'engagent dans des actions militantes, le plus souvent en dehors de l'école, sont à méditer.

L'école a beaucoup de difficulté à être à la fois un lieu où l'on acquiert des savoirs normés, qui sont évalués en termes de juste ou faux, et un lieu d'apprentissage social impliquant une certaine tolérance pour des attitudes handicapantes qui doivent être modifiées. On peut enseigner des règles, dicter des conduites individuelles ou collectives. Il est plus difficile de modifier des comportements surtout si les jeunes ne perçoivent pas les modifications espérées comme étant une exigence première de l'institution et si celle-ci ne récompense pas explicitement les efforts réalisés. Pour les attitudes comme pour les savoirs, la norme permet de distinguer les bons des mauvais et d'alimenter le climat de compétitivité qui imbibe tout le système. Les exigences ne peuvent pas être d'emblée les mêmes pour tous les publics d'élèves. L'agressivité des élèves issus de milieux populaires est souvent dénoncée, mais on entend aussi parler de l'arrogance des élèves des lycées construits dans les quartiers riches. Eux aussi ont des normes à apprendre. Différencier les normes imposées ou les regards portés sur les attitudes des enfants avant l'apprentissage est indispensable. Cela permet, dans ce domaine comme dans celui des savoirs, d'imaginer des stratégies de réussites éducatives. Est-ce compatible avec un système dont le but est de classer et de tout faire pour la réussite des meilleurs ?

III

Une école de la contrainte

Tout comme la politesse ou la civilité, la discipline aurait disparu des écoles, à moins que ce ne soit la disparition de la discipline qui ait entraîné l'impolitesse. Toute personne ayant fréquenté l'école a subi les contraintes de la discipline scolaire. Par certains aspects, la vie à l'école est plus réglementée que celle de tout autre lieu de travail.

Le respect du règlement

Chaque établissement a son règlement. Lors d'une étude portant sur des règlements d'usine datant du XIXe siècle, une élève fit remarquer que ce n'était plus comme cela maintenant... sauf au lycée. Sans être laxiste et rêver d'écoles sans règles, il faut bien reconnaître que, dans les établissements scolaires, les interdits et les obligations foisonnent, même si Mai 68 a balayé certaines contraintes et ouvert des droits aux élèves.

Dans les années cinquante, le port des blouses était obligatoire dans les lycées de filles. Beige une semaine,

bleue l'autre, afin de vérifier le blanchissage hebdomadaire. Leur oubli, le lundi matin, entraînait des sanctions, en général l'envoi en étude, ce qui voulait dire
temps perdu et cours à rattraper ou devoirs non rendus... La circulation se faisait à droite dans les couloirs.
L'habillement était contrôlé, même avec la blouse : les
collants et les pantalons étaient interdits. Une convoca-
tion chez la surveillante générale pour quelque problème administratif générait peur et hésitation.

Tout cela a fort heureusement disparu, mais chaque
établissement a son règlement et celui-ci est supposé
être connu des élèves qui sont réputés l'accepter
puisque, parfois, dès le collège, le règlement intérieur
est signé par les jeunes et par leurs parents. En
revanche, les professeurs ne signent pas ce règlement et
personne ne s'assure qu'ils en ont connaissance bien
qu'ils puissent avoir à l'appliquer ou à le faire respecter.
Il n'est même pas sûr que tous disposent du texte.

Lors des réunions parents-professeurs, l'attention
des parents est attirée, à tous les niveaux d'enseignement, sur les obligations que stipulent les textes : fréquentation régulière, respect des horaires, respect des
bâtiments et de plus en plus souvent des personnes. Ces
règles sont rarement discutées *a priori* même si, ensuite,
elles ne sont pas respectées. Les professeurs ne s'y réfèrent généralement pas avant de sanctionner un élève ni
ne s'appuient sur les articles du règlement pour montrer
à l'élève le bien-fondé de la punition. Les élèves, quand
ils contestent, le font au nom de la « justice » ou de la
« vérité », mais n'utilisent pas le règlement. Les conseillères d'éducation constatent que lorsqu'elles opposent le
règlement intérieur à un fauteur de troubles, celui-ci ne
nie pas la règle, même s'il dégage sa responsabilité d'une
façon ou d'une autre. Les élèves ne sont pas des contes-
tataires actifs. Ils n'argumentent pas pour démontrer
l'ineptie de la règle et en proposer une autre. Ils la réfu-

tent ou s'y dérobent. Est-ce à l'origine ou est-ce le résultat de cette attitude française qui consiste à ne savoir participer à la vie politique et sociale qu'en se situant dans la majorité ou dans l'opposition, mais rarement dans une attitude de propositions, comme cela est le cas dans le monde anglo-saxon ?

Lorsque des jeunes refusent violemment les règles de vie et de travail de l'école, le règlement est de peu d'effet. La mise en avant du règlement permet de réagir, de sévir en limitant l'arbitraire, d'entamer éventuellement un dialogue, mais ne préserve ni l'institution ni les jeunes des comportements extrêmes. Les oukases du tsar n'étaient-ils pas d'ailleurs moins bien obéis que les lois édictées par Sa Très Gracieuse Majesté ?

Heureusement pour l'institution et ses partenaires, élèves et professeurs, beaucoup d'élèves acceptent et intègrent ces règles, pour le meilleur et pour le pire. Ainsi cette petite fille de six ans, au cours préparatoire, qui fond en larmes lorsqu'elle réalise qu'elle devra entrer dans la classe après que la sonnerie a retenti car sa maman a égaré les clefs de la voiture ; avec dix minutes de retard, accompagnée par sa maman, mais à peine calmée, elle est accueillie par la maîtresse fort gentiment. Néanmoins, lorsque la maman, le soir, tente de lui expliquer que son chagrin du matin ne se justifiait peut-être pas puisque l'institutrice ne s'était pas fâchée, bien au contraire, la fillette a conclu par un « c'est quand même grave ».

Autre anecdote : un professeur apprend par ses élèves qu'une de leurs camarades, absente, est hospitalisée car elle a été renversée par une voiture en venant au lycée la veille. Elle a traversé en courant pour prendre l'autobus car sinon elle aurait été en retard au cours d'un professeur qui n'accepte justement aucun retard. Lorsque l'adulte émet l'opinion qu'il aurait semblé préférable d'arriver en retard plutôt que de prendre le risque d'un accident, ces consciencieux élèves de seconde répondent qu'ils ne peuvent pas faire autrement lorsqu'ils commencent leur journée par ce cours, car ils prennent alors le risque d'aller en étude et d'avoir, en cas de contrôle, un zéro qui est compté dans la moyenne. On n'ose pas rétorquer que, dans ce cas-là aussi, on pourrait choisir le zéro. À leur âge, en seconde, conditionné par le système, on aurait aussi, peut-être, couru stupidement après l'autobus pour éviter le zéro !

Au règlement officiel s'ajoutent bien d'autres contraintes. Les uniformes des groupes sportifs à l'école se sont maintenus plus longtemps que ceux des clubs de football, de tennis ou d'équitation. Les listes normées de matériel scolaire, dont le respect est primordial aux yeux des enfants, causent encore bien des tracas aux parents qui attendent la « liste » pour avoir le bon cahier au bon format. La forme des travaux écrits est souvent fixée de façon très autoritaire sans que l'utilité de cette norme soit évidente. Surtout elle varie d'un enseignant à l'autre.

Ces exemples montrent combien la pression exercée sur les jeunes est forte. Bernard Defrance, dans son livre *La Violence à l'école,* montre que si l'école est atteinte par la violence sociale, elle engendre aussi la violence par son fonctionnement. La vie de collégien ou de lycéen n'est pas un long fleuve tranquille. Les jeunes sont confrontés à un double stress : le stress purement académique et celui généré par la difficulté d'établir un dialogue constructif avec les adultes malgré les efforts de bien des conseillers d'éducation ou de professeurs.

Les réponses des lycéens à la consultation menée dans les lycées en 1997 formulent des critiques ou des demandes concernant les relations entre les jeunes et les adultes de la communauté scolaire. Les demandes s'adressent surtout aux professeurs, dans le cadre des cours. « Que les questions soient plus claires, les profs moins exigeants et qu'ils nous comprennent un peu mieux. » Les relations entre les jeunes et entre les élèves et les autres personnels de l'Éducation nationale, personnel de direction, personnel administratif, personnel de service, sont peu évoquées.

Après trois ou quatre heures de devoirs, de grands élèves de classes terminales arrivent au cours suivant en larmes ou hors d'eux lorsqu'ils viennent de subir des contrôles, en mathématiques dans les terminales scientifiques ou en gestion et comptabilité dans des classes G. Les enfants, les adolescents ou les jeunes rendus malades par le stress scolaire, parfois incompris ou ignoré par les parents, et souvent nié par les professeurs, cela existe. Les pédiatres [1] et psychiatres en témoignent.

La violence entre élèves, une réalité volontairement ignorée

À l'école, il est plus grave d'arriver en retard que de se battre à la récréation si cela n'entraîne pas l'intervention d'un adulte. Il est vrai que, sauf bataille évidente ou querelle bruyante, l'adulte est tenu à l'écart de ce type de problèmes. Les problèmes de racket, par exemple, sont anciens et difficiles à enrayer, mais certains chefs d'établissement, ou certains enseignants, considèrent que le problème leur échappe tant que les demandes et les menaces restent faibles. Ainsi, cette mère qui dut menacer de s'adresser aux responsables éducatifs de la municipalité pour obtenir que les enfants d'une école primaire soient réunis pour être informés que le directeur de l'école et les enseignants étaient au courant des pratiques de racket, qu'il fallait rapporter tout incident aux

---

1. A. NAOURI, préface de *Maternelles sous contrôle, le danger d'une évaluation précoce,* de Annick SAUVAGE et Odile SAUVAGE-DÉPREZ, Syros, Paris, 1998.

maîtres et que cela devait cesser. Face à ces enfants, l'information porta. Le racket et les menaces cessèrent, au moins pour un temps.

Tant que les violences restent privées, entre jeunes ou entre jeunes et adultes, l'institution n'intervient pas. L'école française abandonne l'enfant face aux abus dont il est victime. C'est en partie parce que cela relève du jardin secret que l'on réserve aux copains, mais c'est aussi dû à l'absence de confiance dans l'adulte. Celui-ci est davantage perçu comme un juge que comme une aide à laquelle on puisse faire appel en étant certain de bénéficier d'une écoute bienveillante, même s'il s'agit de banales difficultés scolaires ou relationnelles. On « va dire à la maîtresse », on ne « dit » plus au professeur. Cela s'appelle très vite « dénonciation », et l'on devient « lèche-bottes » ou « chouchou » sans le vouloir.

Dans la culture française, le rapport sur une action condamnable imputable à un tiers est associé à la dénonciation ou, pour les plus jeunes, au « rapportage ». Tout comme la société elle-même, certaines administrations scolaires et certains enseignants ne veulent pas se sentir concernés par les violences qui se déroulent sous leurs yeux ou dans leur établissement.

Une approche toute différente existe dans certaines écoles américaines[2]. Ainsi, tout intervenant[3] dans une école primaire publique dans l'État du Massachusetts,

---

2. Les écoles sont gérées par les comtés dans le cadre des États. Même s'il y a des directives fédérales, chaque comté détermine l'orientation de ses écoles par l'intermédiaire de comités élus. Chaque école conserve une certaine liberté de décision. À ce niveau aussi, un comité formé de parents et de professeurs élus supervise l'école. Toute remarque globale sur le système américain est donc difficile.

3. Les écoles américaines accueillent volontiers des parents ou adultes pour assurer telle ou telle activité. Ici, il s'agit de séquences de français, jeux, chants, en exploitant le fait que l'un des enfants est bilingue et qu'une jeune fille au pair française a accepté bénévolement d'intervenir deux fois par semaine.

aux États-Unis, reçoit deux pages polycopiées pour lui proposer diverses approches en cas de disputes entre enfants, de coups, d'altercation. L'adulte doit intervenir, s'informer, prendre parti, et demander au contrevenant de formuler une excuse, des regrets ou une promesse de ne pas recommencer. Il lui est demandé d'en informer les autres membres de l'équipe éducative et d'avoir recours à un autre adulte si la situation lui semble trop conflictuelle ou trop complexe. L'objectif clairement formulé est d'apprendre aux enfants à « être gentil », à comprendre et à tolérer les autres. Vu de France, cela semble relever de la « naïveté américaine » ou de la « médiocrité » de leur enseignement et il est facile de balayer tout cela en renvoyant l'image d'une Amérique violente aux communautés éclatées. Peut être vaudrait-il mieux, sans espérer transférer un modèle culturel qui nous serait inadapté, réfléchir à certaines réalisations d'une société qui pratique l'école unique depuis un siècle en association avec une démocratie bicentenaire et une population très mêlée, même si, dans cet État du Massachusetts, l'origine européenne domine.

Les devoirs et obligations des adultes vis-à-vis des mineurs sont souvent mis en avant puisque l'école est responsable d'eux durant leurs heures de cours. Cette responsabilité est plus souvent invoquée pour imposer aux élèves le respect du règlement – l'interdiction de sortir de l'établissement ou de rester dans une salle ou dans un couloir – que pour les protéger des violences physiques ou verbales de leurs camarades ou de leurs enseignants. Si certaines formes de violence, telles que les agressions ou la destruction de biens, sont du ressort de la justice[4] et non du ressort de l'école, bien des violences

---

4. Selon Éric DEBARDIEUX, dans *La Violence en milieu scolaire*, ESF, 1996, les faits délictueux à l'intérieur des établissements et les agressions extérieures, que les médias mettent en valeur, restent peu nombreux.

de la vie quotidienne faites d'insultes, de mises à l'écart, de coups ou menaces sont ignorées des adultes responsables, parfois en toute bonne foi. Les élèves hésitent à rapporter des agissements condamnables. Les adultes hésitent à intervenir dans la vie des élèves. L'adulte ne souhaite pas être au courant, peut-être parce qu'il considère qu'il aura à punir, qu'il n'envisage pas de se limiter à un dialogue avec les deux parties, d'autant plus que l'attitude des individus concernés est de chercher à avoir chacun raison et à se disculper. Chacun tente de prouver que ce n'est pas lui. L'esprit de groupe ou de corps soude les élèves entre eux, tout comme il soude les professeurs face à toute critique sur l'un d'entre eux. Nous pratiquons difficilement l'art de l'enquête après un rapport avec une forte présomption d'innocence et un sens aigu de l'argumentation dialoguée. Cela relève davantage de la culture anglo-saxonne et singularise, pour une part, nos systèmes éducatifs.

Cependant, l'attitude des adultes dans l'école se modifie actuellement. Une évolution est certaine car, paradoxalement, la montée de la violence sociale et ses répercussions sur la vie dans les écoles obligent à ce que la violence à l'école devienne une préoccupation affichée dans l'institution. Miroir des demandes, l'école s'imprègne aussi de la prise en compte des droits des enfants et de leur protection. Elle n'a d'ailleurs pas été pionnière dans ce domaine. Les enfants et les jeunes victimes de violence familiale fréquentaient obligatoirement l'école. Ils n'y ont pas trouvé des structures leur permettant de parler à des interlocuteurs dûment formés et connus de tous. SOS-Enfants fut inventé en dehors de l'institution scolaire. Toutefois, la prise en compte actuelle de la violence à l'école n'a pas pour but, le plus souvent, de protéger les individus à titre personnel, mais de permettre à l'institution de remplir son rôle dans de bonnes conditions et, comme toute entreprise, de protéger son personnel. Certes, des mesures sont prises qui permettent une amélioration des conditions de travail pour l'élève et pour le professeur, mais les établissements où l'équipe éducative cherche à la fois à lutter contre la violence et à remettre en selle les fauteurs de troubles restent des exceptions dans le système éducatif actuel, qui réagit le plus souvent par élimination.

L'absentéisme : un remède contre l'ennui et l'échec

L'absentéisme, qui se généralise, est aussi une des violations les plus dénoncées du règlement. Cela fâche beaucoup les professeurs et irrite l'administration. Dans le cadre de l'obligation scolaire, il y a désobéissance à la loi. Au-delà de seize ans, il n'y a que rupture unilatérale d'un contrat tacite. Mais dans tous les cas, le jeune exprime son « mal vivre » dans l'école. Plus de discipline n'y changerait rien. Plus de dialogue et de compréhension conduit parfois à des résultats.

Les réactions des adultes face à ce problème sont-elles commandées par l'intérêt bien compris de l'élève ou par la blessure d'amour-propre de l'enseignant qui constate qu'il y a fuite devant les travaux qu'il propose ? L'adulte ne parle le plus souvent avec l'élève que pour lui démontrer combien les absences sont préjudiciables à sa réussite et condamnables sans essayer de comprendre pourquoi l'élève n'assiste plus aux cours. N'y a-t-il pas parfois la crainte d'un dialogue déstabilisant pour le professeur ?

Inversement, la rupture unilatérale d'un contrat sans explication n'est pas une pratique sociale tolérable. D'autant plus que le coût d'un jeune à l'école est élevé pour la collectivité et pour sa famille. L'équipe éducative doit vérifier une fréquentation régulière des cours, même au-delà de l'obligation scolaire, mais pourquoi n'accepte-t-on jamais de reconnaître que, de fait, certaines parties des *curriculum* sont inintéressantes ? Pourquoi ne jamais reconnaître que certains professeurs sont difficiles à suivre, ne sont pas bons ? Pourquoi l'institution continue-t-elle à les imposer aux jeunes avec une hypocrisie totale au lieu de leur tenir le langage de la raison et de leur expliquer que certaines situations n'ont pas de bonnes solutions, à l'école comme dans la vie ? Pourquoi ne pas alléger le *curriculum* de certains élèves pour leur donner la possibilité de se remettre en selle ?

Les parents enseignants portent sur les professeurs et les établissements où sont leurs enfants un regard de plus en plus critique, bien qu'ils aient souvent choisi des établissements et des classes réputés sans problèmes. Si leurs enfants sont dans leur propre établissement, ils s'efforcent discrètement d'obtenir qu'ils aient pour professeurs ceux qui sont reconnus « bons ». Le chef d'établissement y veille, parfois de lui-même. Ce n'est pas un comportement condamnable. Dans toutes les professions, on évite de s'adresser à des collègues connus pour leur incompétence. Le bouche-à-oreille indique le bon boulanger, le bon plombier, le bon médecin, en bref les bonnes adresses. Dans la profession « Éducation nationale », il y a aussi les « bonnes adresses » et ici ou là des « classes MAIF ou CAMIF[5] » sont constituées avec un nombre plus ou moins important d'enfants d'enseignants. Le regard critique que ces enseignants-parents portent sur les contenus enseignés, sur les méthodes et sur les comportements des professeurs de leurs enfants ne se répercute pas toujours sur leur propre pratique et ils en tirent rarement des conclusions pour comprendre certaines attitudes de leurs élèves. Il est vrai qu'ils consi-

---

5. MAIF : Mutuelle assurance des instituteurs de France. CAMIF : Coopérative des adhérents mutualistes des instituteurs de France.

dèrent leurs enfants comme des élèves qui font tout ce qu'il faut pour réussir à l'école et sont bien formés par leurs parents. Ceux-ci connaissent tous les rouages du système, savent en contourner les obstacles, recherchent les voies d'excellence et profitent le plus souvent d'un système élitiste dans lequel leurs enfants réussissent et qu'ils souhaitent, de ce point de vue-là, pérenniser en préconisant son maintien ou le retour à un âge d'or mythique.

On peut certes regretter le bon vieux temps des coups de règle, des bonnets d'âne et du piquet, des tours de cour ou des lignes, des retenues, des blouses, de la circulation à droite dans le couloir lors des interclasses, de la mise en rang. Les moyens de coercition étaient acceptés, du moins en apparence. Ils nous paraissent aujourd'hui, pour certains d'entre eux, intolérables. Ils étaient, en tout cas, limités dans leurs effets puisqu'il fallait aller plus loin. Les fauteurs n'étaient pas toujours matés et ramenés à la raison par ces méthodes et il fallait recourir, en dissuasion souvent et en réalité parfois, à l'exclusion, qui réglait par défaut le problème de l'institution. Cette solution radicale n'est plus facilement applicable car, d'une part, la scolarité est obligatoire jusqu'à seize ans et, d'autre part, les jeunes, appuyés par leurs parents, n'acceptent plus d'être renvoyés de l'école.

Ainsi, si éduquer à la citoyenneté à l'école, c'est renforcer la discipline, on ne pourra qu'être déçu des résultats. L'école inculque déjà la discipline. Elle n'en a d'ailleurs jamais manqué. L'école est plus conservatrice que la famille ou la société, même si tout un courant réclame le retour à une discipline de fer. Tout acte éducatif est contraignant par nature et ne porte ses fruits que s'il y a partenariat entre celui qui sait et celui qui apprend. Ce partenariat n'exclut ni l'autorité ni un partage inégal du pouvoir, qui peut se concrétiser en terme de règles de discipline. Ces règles doivent être justifiées, car utiles aux apprentissages requis, acceptées et appliquées, et doivent concerner tout autant les adultes que les élèves. Cela ne peut se faire qu'en consacrant du temps pour réfléchir aux conditions nécessaires à l'établissement de nouvelles relations entre les élèves et les enseignants, ainsi qu'entre les jeunes et entre les adultes, à l'intérieur des établissements scolaires, particulièrement des lycées.

IV

UN CODE DE VALEURS INADAPTÉ

Une autre interprétation de l'éducation à la citoyenneté est de l'identifier à la morale, à l'éthique, aux valeurs. Les comportements punissables de certains jeunes seraient liés à une perte du sens moral, à une absence d'éthique, à une méconnaissance des valeurs. Celui qui frappe, vole, blesse ou détruit l'autre enfreint les règles. Il suffirait donc d'enseigner ces règles, comme cela se fait d'ailleurs dans certains pays comme la Belgique ou le Royaume-Uni, pour améliorer le comportement des jeunes.

Certes, en France, depuis trente ans, la morale n'est plus une discipline scolaire. La tentative faite en 1948 d'associer morale et instruction civique et économique pour les lycéens a, comme nous l'avons vu, fait long feu, et dans les années cinquante-soixante les leçons de morale ont disparu du programme des écoles primaires.

L'ancienne morale issue de la tradition judéo-chrétienne et humaniste n'était-elle plus acceptée par les enseignants ? A-t-elle été renvoyée dans la sphère familiale et privée comme le voulait Condorcet, comme cela s'est toujours fait pour les enfants de la bourgeoisie ?

Les divisions idéologiques qui scindaient la société française dans le contexte de la guerre froide rendaient-elles difficile la formulation de valeurs consensuelles que l'école aurait pu transmettre ? La crainte d'une emprise idéologique marxiste (ou antimarxiste) sur les esprits des élèves a-t-elle conduit, au nom de l'objectivité et de la laïcité, à éviter toute présentation ou analyse relevant du champ éthique ? L'ébranlement de Mai 68 a-t-il fait douter de toute notion de bien ou de mal au point de bannir les interdits puisqu'il était « interdit d'interdire » ? L'école a continué à afficher des objectifs d'initiation des élèves au « beau » à travers les œuvres d'art ou les œuvres littéraires, au « vrai » par opposition au « faux », mais elle semble s'être gardée d'enseigner le « bien »[1] par opposition au « mal », du moins explicitement.

Des bribes d'héritage

Lorsqu'il est question d'un retour à un enseignement moral, la référence le plus souvent évoquée est celle des cours de morale des écoles primaires et primaires-supérieures de la IIIᵉ République. Jean Baubérot[2] dégage, de l'étude de cahiers d'écoliers datant, pour l'essentiel, des années 1882-1918, les principaux thèmes des cours de morale : « L'effort, l'autoperfectionnement sources de plaisir, le travail qui rend meilleur, la reconnaissance due à sa famille et à la France républicaine [...] avec, en toile de fond, l'inscription des progrès de l'élève dans le progrès global qui oriente l'histoire. » Il montre comment les leçons, les lectures et les devoirs, en particulier les rédac-

---

1. Voir l'article de Jeannine BARDONNET, « Le vrai, le beau mais aussi... le bien », *Cahiers pédagogiques*, n° 340, janvier 1996.
2. Jean BAUBÉROT, *La Morale laïque contre l'ordre moral*, Seuil, Paris, 1997.

tions, s'appliquaient à développer ces thèmes et à faire s'exprimer les élèves sur ces sujets. Jean Baubérot souligne à quel point l'enseignement moral de la IIIᵉ République s'inscrivait dans le contexte politique et social de l'époque, ce que confirment les extraits du livre de morale pour filles de L. Ch. Desmaison cité au chapitre I. En ce domaine, comme en d'autres, l'école n'est que le reflet de la société et ne fait qu'adapter la demande sociale et politique à ses objectifs propres, et cette morale des écoles publiques de la IIIᵉ République paraît en décalage important par rapport à la société actuelle.

La société de consommation a quelque peu balayé les vertus de l'épargne. Les droits économiques et sociaux, la notion de contrat ont remplacé les devoirs. Soumission, discrétion et dévouement féminins, déjà contestés à cette époque, ont été balayés par les mouvements féministes. Ces sujets n'ont pas disparu des programmes, mais ils sont vus sous l'angle sociologique, sociopolitique, historique, philosophique ou économique, et non plus sous un angle moral normatif.

Peut-on en conclure pour autant qu'il n'y ait aucun héritage ? De façon implicite, le message républicain et le message concernant l'effort et le goût du travail imprègnent encore l'école par le biais des manuels, des cours, des lectures, des exercices proposés, des règlements et des textes, ce qui contribue à fixer les bons et les mauvais critères.

Le progrès républicain toujours à l'honneur

La république, en tant que système de gouvernement, s'inscrit dans la mémoire des élèves comme porteuse de progrès. La lecture des manuels scolaires, l'analyse de quelques cours enregistrés en classe de troisième et de seconde dans le cadre d'une recherche de l'Institut national de recherche pédagogique[3] montrent que l'histoire, par exemple, s'enseigne toujours comme une suite d'événements qui conduisent au progrès. De 1789 à 1875 et même à 1998, l'histoire française est présentée comme étant sous-tendue par une volonté de voir triompher un régime républicain, puis de le voir progresser, en corrigeant ses défauts. À l'école, la Ve République est en progrès par rapport à la IVe puisque le discours scolaire se focalise sur l'instabilité ministérielle de cette dernière et ses problèmes coloniaux qui expliquent sa chute, défauts que la nouvelle constitution se propose de régler.

Les réponses à un questionnaire lié à la recherche précédemment citée montrent une vue très conforme à l'enseignement reçu. Les élèves de troisième, qui ont étudié la Ve République dans les cours d'éducation civique qui présentent les rouages gouvernementaux et les principaux personnages de l'État, voient la république comme un système politique avec des acteurs et des institutions. Ceux de seconde, qui ont étudié la période révolutionnaire, associent « république » à des principes, des valeurs et des symboles, qui sont effectivement étudiés au moment de leur émergence, lors de la Révolution. L'enseignement reçu est donc intériorisé. D'autres observations montrent que les élèves perçoivent le gouvernement républicain comme étant le meilleur et porteur de pro-

---

3. Ces réponses ont été recueillies dans le cadre d'une recherche de l'Institut national de recherche pédagogique (INRP) portant sur l'enseignement de l'histoire et de la géographie en troisième et en seconde. Les objets d'étude choisis étaient « la république » en histoire et « la répartition de la population » en géographie. Voir *Les Enseignements en troisième et en seconde : ruptures et continuités*, INRP, Paris, 1993 ; et *L'Enseignement de l'histoire et de la géographie en troisième et en seconde, étude descriptive et comparative*, INRP, « Documents et travaux de recherche en éducation » n° 10, 1996.

grès. Ainsi, en histoire, des élèves de seconde, interrogés deux mois après avoir réalisé un travail d'information et de réflexion sur les systèmes électoraux des XVIIIe et XIXe siècles, « oublient » qu'aux élections de 1789 tous les hommes ont le droit de vote, même si chacun vote dans son ordre, alors que le suffrage censitaire éliminera les classes populaires des suffrages du XIXe siècle. Pour eux, la Révolution a créé le suffrage universel, qui est le principal droit du citoyen. Trois mois après avoir appris que les élus aux états généraux ne pensaient qu'à une monarchie constitutionnelle qu'ils organisèrent et qui fonctionna, ils reviennent à l'idée que la République est créée le 14 juillet 1789 après la prise de la Bastille. En classe de première, ils sont convaincus de la supériorité du régime républicain et de l'État-nation à la française sur tout autre modèle et ont du mal à comprendre ce que sont les démocraties monarchiques, qui constituent pourtant le modèle dominant dans l'Europe d'aujourd'hui, ou le fonctionnement d'États fédéraux comme l'Allemagne ou les États-Unis.

Un discours républicain est toujours transmis par l'école. Le patriotisme revanchard de 1895 n'est plus de mise, mais la valorisation de la démocratie, de l'égalité, de la liberté et, plus généralement, des droits de l'homme passe encore souvent par l'affirmation d'une primauté française dans ce domaine. Elle n'est plus associée à l'amour de la patrie, mais davantage à un héritage culturel français, européen et universel. Comme au XIXe siècle, l'école reprend les préoccupations sociales et politiques dominantes, mais il n'est pas sûr qu'une analyse précise des contenus enseignés ne montrerait pas un certain conservatisme.

Le goût de l'effort et du travail :
un discours hypocrite

L'un des autres thèmes de la morale de la IIIe République est le goût de l'effort et du travail. L'école actuelle y a-t-elle renoncé ?

Les règlements intérieurs qui définissent les comportements exigés des collégiens et des lycéens stipulent l'obligation d'un travail régulier. L'un des reproches faits aux jeunes tient dans la formule « ils ne font plus rien », et les livrets scolaires signalent souvent : « manque de travail », « manque d'intérêt », appréciations négatives qui font part d'obligations non respectées, ou d'une attente déçue. L'école lutte contre l'absentéisme au nom de l'intérêt de l'élève, mais aussi au nom d'une morale qui condamne cette attitude.

Comme pour la politesse et la discipline, cette obligation morale de travail ne donne plus lieu à des commentaires moralisateurs ou à des sujets de devoirs. Elle n'est ni expliquée ni discutée. La règle ne surgit qu'à l'occasion des manques et dans le contexte de la sanction. L'élève est supposé adhérer à la règle telle que l'institution l'interprète. L'élève fautif exprime souvent cette réalité par « je ne savais pas », phrase qui ne convainc pas l'adulte et qui peut, bien sûr, être une échappatoire ; elle est cependant souvent formulée de bonne foi.

Ce qui est attendu des élèves ne leur est bien souvent pas clairement dit. Certains chefs d'établissement ou certains professeurs s'efforcent de définir par écrit les règles auxquelles doivent se plier leurs élèves, ainsi que les buts à atteindre. Cette démarche est surtout, ou seulement, pratiquée lorsque les élèves sont difficiles. Le contrat est imposé à l'élève qui le signe. Il est plus rarement libellé après un dialogue avec l'élève et renégociable à intervalles réguliers. Le plus souvent, il se limite à des engagements concrets liés à la vie scolaire, sans pénétrer dans le domaine de la morale du travail.

Autre handicap : l'école maintient une organisation et un discours sur le travail qui est sur plusieurs points en contradiction avec le discours social. La société parle de valorisation des loisirs et des hobbies, de réduction du temps de travail, de la surcharge des cadres. L'institution scolaire s'efforce d'ignorer cette évolution. Les enseignants condamnent le week-end. Le collégien, et plus encore le lycéen, se doit de travailler entre 20 et 30 heures par semaine en classe, parfois plus, et d'y ajouter 10 à 20 heures au moins de travail à la maison[4]. Il est celui qui, dans la famille, a toujours du travail, qui ne peut pas participer à la vie familiale ou qui n'a pas le temps de faire ce qui lui est demandé car il a des devoirs. Pour suivre, il abandonne le sport, la musique, ou d'autres activités. Même les parents bardés de diplômes ou enseignants eux-mêmes critiquent ce travail scolaire sans limites précises qui oblige à tricher, à contourner l'obstacle. Le devoir est fait par le père, la mère, le frère ou la sœur, pour accélérer ou dépanner, et les parents enseignants participent à cette tricherie comme les autres, puisqu'il y va de la survie et de la réussite scolaire de leurs enfants.

Les élèves se débrouillent entre eux, en copiant ou en trichant, le devoir est fait par alternance, ou par les meilleurs. Quelques professeurs demandent d'indiquer sur les travaux si les élèves ont travaillé seuls, avec des camarades ou avec l'aide d'autres personnes. Le plus souvent, une telle demande étonne les élèves et les inquiète un peu car ils craignent de perdre des points en

---

4. L'un des « quarante-neuf principes pour un nouveau lycée » indique : « L'élève est soumis aux obligations scolaires en termes d'assiduité et de travail rendu. Elles ne peuvent dépasser 35 h en moyenne par semaine », *Le Monde*, « Lettre de l'éducation », n° 232, 4 mai 1998.

avouant s'être fait aider ; elle est en tout cas mal perçue puisque, à l'école, l'important, si l'on n'a pas travaillé seul, est de « ne pas se faire prendre » à copier ou à être aidé. Il faut donc nuancer les rédactions, ne pas reproduire la même erreur sur plusieurs copies, etc. Ces tricheries déjà nécessaires à la réussite sans faille du bon élève deviennent une question de survie pour ceux qui, en plus de la charge de travail, doivent pallier des lacunes ou des incompréhensions. Comment maîtriser un surcroît de travail que l'on ne sait pas faire surtout si on ne dispose d'aucune aide familiale. Qu'attendre de tentatives qui n'apporteront que des notes accablantes et une totale marginalisation accompagnée de propos dégradants ? Comment peut-on attacher une valeur morale à une tâche infaisable et dévalorisante ?

L'école n'impose d'ailleurs pas son discours dans les faits, peut-être par complexe de culpabilité. D'une certaine façon, l'institution supporte bien le « non-travail ». Les professeurs sanctionnent les travaux non faits mais n'essaient qu'exceptionnellement de comprendre pourquoi il y a refus de ce travail. Même dans les lycées sans problèmes majeurs, les élèves ne parviennent pas à obtenir que les professeurs acceptent de discuter avec les délégués pour harmoniser le calendrier des travaux personnels et des contrôles. Ne parlons pas d'un éventuel droit à la « paresse » qui pourrait être négocié à partir de raisons valables entre l'élève et le professeur, ou de la prise en compte de difficultés personnelles. Beaucoup de professeurs français évitent de donner d'avance aux élèves le plan de travail, les dates des devoirs, se réservant ainsi toute liberté de jouer sur les délais, alors qu'ils ne reconnaissent pas ce droit à leurs élèves.

Par un étrange amalgame, la triche, le copiage, le travail mal fait, non fait, sont sanctionnés de la même manière, par une mauvaise note ou un zéro. La note s'impose partout : il faut des notes pour établir des moyennes et des moyennes pour sortir les meilleurs de l'anonymat. Obnubilée par les examens et les concours, l'école ne pratique, à quelques rares exceptions près, qu'une évaluation de fin d'apprentissage et rejette toute évaluation formative ou formatrice tant dans le domaine du travail que dans celui des comportements. On ne travaille ni pour apprendre ni pour être heureux, mais pour être le meilleur. Il est alors difficile d'introduire dans cette dynamique une quelconque morale.

L'école engendre des comportements immoraux qu'elle tolère. La triche, le système « D » sont généralisés et le professeur qui demande à l'administration de lourdes ou solennelles sanctions pour l'élève tricheur est débouté, car « il y a plus grave ». Les élèves coupables acceptent un zéro, mais sont étonnés par une semonce orale jugeant leur comportement inacceptable au nom de la confiance rompue. Ils sont encore plus étonnés lorsqu'on leur montre l'inadaptation de leur comportement en termes d'évaluation de leurs acquis et de leur progrès pour une reprise ou une aide éventuelle. Pour être le meilleur, tous les moyens sont bons. On refuse de travailler avec plus faible que soi. On se regroupe entre bons élèves. On refuse de prêter cahier ou livre, on fournit de faux renseignements pour tuer la concurrence. L'école, ne retenant que le critère de la réussite scolaire traduite par des notes, « marginalise » elle aussi les faibles, les originaux, les « non-scolaires » en organisant la répartition des élèves en groupes de niveau, en réservant les professeurs les plus adaptés au système aux meilleurs élèves, tout en tenant un discours sur l'égalité et la démocratisation de l'enseignement.

Les élèves, enfants ou adolescents, sont punis pour avoir oublié livres ou cahiers ou pour indiscipline. La punition est soit le renvoi du cours, qui débarrasse le professeur du problème et concrétise son incapacité à le gérer, soit le travail supplémentaire. Le travail scolaire réputé être source de plaisir personnel devient punition, ce qui est assez paradoxal. La tartuferie est renforcée si le professeur oublie de réclamer ou de contrôler le travail demandé, ce qui dénonce son inutilité pour l'élève et son manque d'intérêt pour le professeur.

Le discours moral sur le goût de l'effort et la valorisation par le travail est très hypocrite et l'a sans doute toujours été. En cas de mauvaise volonté réelle ou supposée de la part de l'élève, celui-ci s'entend dire qu'il travaille pour lui. Dans la réalité de tout un chacun et même à l'école, le travail doit « payer », en termes de progrès, de considération et de pouvoir. L'élève, lui, sait qu'il travaille pour la note, qui lui apporte considération et tranquillité si elle est bonne. Le travail pour soi-même relève du plaisir, ce qui ne peut certes être le cas pour chaque cours ou activité, mais on constate que ce plaisir est trop souvent inexistant pour beaucoup d'élèves. On pourrait redonner aux élèves le goût du travail à l'école en valorisant leurs efforts, et en les associant aux décisions qui concernent leur devenir personnel et celui de leurs condisciples. Tant que l'institution fonctionne sur d'autres critères, mieux vaut pour elle se contenter d'un discours moral hypocrite.

La famille, alliée ou ennemie ?

La reconnaissance due à la famille était, selon Jean Baubérot, l'un des thèmes de la formation civique et morale de l'école de la IIIe République. L'école actuelle n'y attache que peu d'importance. Certes, à l'occasion de la fête des mères et de celle des pères, les professeurs d'école font confectionner quelques cadeaux par les enfants. Ce ne sont plus les compliments calligraphiés qui étaient réalisés dans les années cinquante, mais de petits cadeaux accompagnés de textes appris par cœur.

Ils sont parfois humoristiques et célèbrent l'amour parental et filial. Dans le secondaire, tout cela disparaît et les relations entre les parents et l'école est plus conflictuelle que cordiale.

Vu du côté des enseignants, la famille est à l'origine des difficultés qu'ils rencontrent dans l'exercice de leur métier. La famille est éclatée, n'enseigne plus la politesse, la bonne tenue, ne contrôle ni les cartables, ni la présence au cours, ni le travail, ni les devoirs, ni l'attention à porter au travail et le respect dû au professeur. Pères et mères sont absents, ne peuvent pas aider à faire les devoirs parce qu'ils n'ont pas le niveau requis ou qu'ils ne prennent pas le temps de le faire. Ils laissent leurs enfants devant la télévision et ne les incitent pas à des sorties culturelles qui leur donneraient l'occasion d'apprendre quelque chose. En cas de problèmes avec un enseignant, ils soutiennent leur fils ou leur fille. On finirait par croire que tout parent est coupable d'avoir engendré un élève. Enfin, ces parents, sollicités pour une aide quotidienne dans les exercices scolaires, ne sont crédités par ailleurs d'aucune compétence pédagogique. De tels propos sont entendus lors des exposés introductifs aux rencontres parents-professeurs. Du côté des parents, ces discours donnent le sentiment que les professeurs ne se sentent pas responsables des situations qu'ils dénoncent. Ils n'y « peuvent rien ». Familles, élèves, administration, programmes sont désignés comme boucs émissaires. Ces propos sont gênants lorsqu'ils sont tenus devant les jeunes et rendent difficile la participation des parents aux conseils de classe ou aux conseils d'établissement et à la vie de l'école. Les enseignants-parents renoncent souvent à être délégués de classe dans l'établissement de leur enfant car « il ne faut pas mélanger les genres ». Ils s'étonnent lorsque certains de leurs collègues optent pour la position inverse en la justifiant par leur meilleure connaissance des fonctionnements scolaires et par l'intérêt de participer à l'éducation nationale d'un autre point de vue. C'est une expérience très formatrice car le miroir renvoie une image qui est à la fois très homogène (tous les conseils se ressemblent) et peu flatteuse car toute intervention du parent élu est *a priori* suspecte et fort difficile à formuler pour que les enseignants entendent et ne se sentent ni agressés, ni méprisés, ni personnellement attaqués. La collaboration est toute différente lorsque l'établissement comporte des équipes de professeurs travaillant avec les conseillères d'éducation, les conseillères d'orientation, l'assistante sociale et le chef d'établissement. Il y a alors distinction entre la personne privée et celle qui exerce la profession d'enseignant avec plus ou moins de succès et de difficultés.

La famille, sans cesse sollicitée, n'est plus supposée avoir les qualités et les compétences requises pour éduquer sa progéniture qui, par ailleurs, concentre l'attention de tous. Vivant pour la grande majorité en milieu urbain, l'enfant n'a jamais été autant au centre de nos préoccupations. Les romans de la première moitié du XXe siècle mettant en scène des petits campagnards décrivent des mœurs enfantines qui échappent à l'œil des adultes et ne sont pas douces. Les pères et mères des classes populaires avaient de lourdes heures de travail et crèches, gardiennes et écoles maternelles n'existaient pas. Enfin, les instituteurs et institutrices des débuts de l'école obligatoire et même ceux des années vingt se battaient contre les parents pour que les enfants viennent à l'école et ne soient pas mobilisés pour garder les vaches, faire les foins ou les vendanges. Aujourd'hui, au moins école et familles sont-elles d'accord pour imposer aux jeunes une présence régulière aux cours ? Là aussi règne le mythe de l'âge d'or.

Cette dévalorisation de la famille se retrouve aussi dans le discours social, qui rappelle de façon forte les obligations vis-à-vis des jeunes, mais fait passer au second plan les obligations des jeunes vis-à-vis de la société et de leur famille. Ainsi, les derniers projets du gouvernement tendant à pénaliser les parents dont les enfants enfreignent les lois sont présentés par les médias de telle manière que la responsabilité des fauteurs s'efface tant vis-à-vis de la société que vis-à-vis de leurs parents. Les parents ne sont pas «plaints» mais deviennent coupables de non-éducation. Dans une certaine mesure, l'école procède de même. Lorsque le comportement d'un jeune échappe au contrôle de l'institution, celle-ci fait appel aux parents, qui sont convoqués non pour amorcer un dialogue mais pour se voir reprocher, à travers leurs enfants, des comportements qu'ils n'ont pas observés, sur lesquels ils n'ont pas une autorité directe mais dont ils sont réputés coresponsables.

Ainsi, une partie de la morale de la IIIe République imprègne encore l'école française, mais elle ne s'exprime plus par des phrases normées et glisse dans l'implicite, ce qui était le cas dans les écoles secondaires. Lors de la fusion de tous les types de sections lors de la création du collège unique, le modèle du premier cycle des lycées l'a emporté sur celui des cours d'enseignement généraux. La disparition des écoles normales recrutant leurs élèves en fin de classe de troisième a aussi bousculé la formation des instituteurs et institutrices. La leçon de morale a disparu, les manuels et les modèles qui la soustendaient n'existent plus. Or, ce sont les manuels qui créent la vulgate d'une discipline en fixant tant les contenus que les méthodes. Si des cours de morale réapparaissent, des exercices normés seront réinventés. En même temps, l'école publique ayant triomphé et la pratique religieuse ayant reculé, la laïcité militante a perdu sa raison d'être. L'école n'a plus à démontrer qu'elle aussi peut transmettre les règles de vie indispensables à la vie sociale. La laïcité est devenue, sous couvert d'apolitisme et de respect des opinions, un prétexte pour oblitérer toute prise en compte explicite des valeurs. Refusant, non sans raison, la rigidité des maximes, on est passé à une non-prise en compte des valeurs, faute d'accepter l'expression d'opinions dont on aurait à débattre.

V

UNE LAÏCITÉ MAL COMPRISE

L'éthique de l'école publique élémentaire de la IIIe République est réputée s'être appuyée sur la notion de laïcité dynamisée après 1905 par l'anticléricalisme, mais à aucun moment les autorités ministérielles n'ont proposé une liste des bonnes règles morales. Lorsque Jules Ferry apporte une réponse aux instituteurs qui se demandent quelle morale enseigner, il n'apporte pas une vraie réponse, il ne liste pas les « bonnes »valeurs. Il fait appel à leur bon sens et suppose que ce bon sens rencontre le consensus social. La notion même de laïcité n'est pas aisée à définir. Les interprétations[1] divergent. Le débat court toujours.

---

1. *Religion et laïcité dans l'Europe des Douze,* sous la direction de Jean BAUBÉROT, Syros, Paris, 1994 ; Soheib BENCHEIKH, *Marianne et le prophète*, Grasset, 1998.

Une conception ambiguë

En 1947, le rapport Langevin-Wallon consacre son chapitre VI à l'éducation morale et civique : « L'École publique comme l'État lui-même, aux termes de la Constitution, est laïque, c'est-à-dire que, ouverte à tous les enfants, elle ne peut et ne doit donner aucun enseignement doctrinal, politique, ou confessionnel. » Le rapport se poursuit en faisant une large place à l'éducation civique et morale de l'enfant : « Le contenu de l'enseignement, plus encore ses méthodes et la discipline scolaire, sont les moyens permanents et normaux de donner à l'enfant le goût de la vérité, l'objectivité du jugement, l'esprit de libre examen et le sens critique qui feront de lui un homme libre du choix de son opinion et de ses actes, de lui faire acquérir le sens de la vie sociale, des avantages et des charges qu'elle implique, et la conscience de ses responsabilités. » Ce rapport ne sera pas traduit en pratiques scolaires. L'institution et la majorité des enseignants ne retiendront de la laïcité que l'interdiction de parler de religion ou de politique à l'école, deux champs où s'expriment fortement les choix éthiques.

Après 1981, la Ligue de l'enseignement propose une nouvelle interprétation de la laïcité, compte tenu des mutations intervenues dans la société française et de l'inutilité de poursuivre le combat, somme toute gagné, contre l'Église. La laïcité serait, dans une société civile, « [...] une manière de gérer la diversité et implique une société fondée sur la cohabitation des cultures... », ce qui suppose la connaissance des cultures donc des religions et des options philosophiques et politiques. Dans cette perspective, des enseignants, en liaison avec les travaux de Jean Baubérot, proposent une réflexion sur l'introduction d'un enseignement des religions à l'école[2].

---

2. Voir le n° 323 des *Cahiers pédagogiques* : « Les religions à l'école laïque ».

L'affaire des foulards dits « islamiques » voit les deux conceptions s'affronter. Les partisans d'une laïcité militante animée par l'anticléricalisme et un positivisme quasi religieux réapparaissent brusquement pour lutter contre des symboles religieux dont s'accommodaient bon nombre d'enseignants et qui, le plus souvent, ne choquaient pas les jeunes. Ils excluent au nom d'une volonté d'intégration dans le respect des croyances, s'alliant avec ceux qui rejettent tout élément extérieur à la culture majoritaire. Les adultes mettent en avant la norme, le respect des règles au nom de : « Si chacun en fait autant [...], le foulard n'est qu'un début. » La Ligue des droits de l'homme, par la voix de sa présidente Madeleine Rebérioux, et bien des jeunes à titre individuel ou par la voix de SOS-Racisme ou de la FIDEL, proposent la discussion et condamnent l'exclusion. Ils rejettent la laïcité militante fortement imprégnée de positivisme pour y substituer une laïcité qui garantit la liberté religieuse, politique et philosophique des jeunes dans le respect des lois, mais ne rejette pas pour autant l'expression des diverses croyances et appartenances dans le respect de celles des autres.

Une interprétation étriquée

Une majorité d'enseignants interprètent la laïcité comme garantissant la liberté de conscience de chacun de leurs élèves et d'eux-mêmes. Les croyances religieuses, les opinions politiques restent dans l'espace de la vie privée de chacun tandis que la vie scolaire se situe dans la sphère publique. La difficulté est que l'acte éducatif concerne chaque individu en tant que personne façonnée par ses croyances, sa philosophie, ses représentations. Dans les classes, la laïcité a paradoxalement conduit à gommer les caractéristiques relevant du champ religieux et politique, ce qui a conduit à l'ignorance des opinions et des pratiques des autres. Cette ignorance des religions et des familles de pensée politique handicape sérieusement toute éducation à la tolérance, à la réflexion sur les valeurs et à une participation active à la vie démocratique. La laïcité a fait de l'école républicaine une grande muette quant au choix des valeurs qui sous-tendent cette originalité française d'un gouvernement et d'une société areligieux mais respectueux de toutes les religions.

L'école est réputée apolitique et objective. Or, ni les membres de l'enseignement, ni les élèves, ni les choix de programmes, de contenus et de méthodes n'échappent à des options de nature politique ou philosophique. Les élèves craignent d'ailleurs de perdre des points s'ils expriment des points de vue divergents de ceux du professeur qui corrige leur travail. Les choix de contenus faits par les professeurs sont redoutables car ils ne sont pas explicités. Dans les disciplines littéraires mais aussi dans les disciplines scientifiques, les choix des sujets traités, des documents choisis, des questions posées, des ouvrages de référence ne sont qu'un point de vue sur la discipline et sur le concept étudiés. D'autres documents, d'autres faits, d'autres exemples construiraient un autre point de vue. Ainsi cet élève de CM1 qui vient d'étudier la Révolution française et conclut à propos de l'exécution de Louis XVI : « Il l'avait quand même bien cherché, cela faisait un an qu'ils lui disaient de se tenir tranquille », révèle le point de vue de l'enseignant et ses opinions politiques... Diverses disciplines, la biologie par exemple, ont dû se saisir de problèmes éthiques. Certaines questions et les législations qui s'y appliquent sont étudiées par les élèves. Ces contenus ne sont pas neutres et des positions de type philosophique sont présentées comme des faits. Les débats et enjeux sociaux sont occultés. En histoire, par exemple, on ne parle le plus souvent que de ce qui est interprété comme expliquant tel ou tel événement dont l'étude figure au programme. Dans l'histoire scolaire, les guerres, les crises, les triomphes électoraux sont inéluctables car expliqués par un faisceau de faits concordants, ce que l'on appelle «les causes de»... la crise de 1929, la décolonisation ou un autre événement. Les alternatives qui ont échoué sont passées sous silence. Débats, opinions minoritaires sont tout au plus cités mais rarement analysés. L'idée que tout discours, y compris celui du manuel ou du professeur, n'est qu'un point de vue sur un fait et peut être débattu et remis en question est évacuée au nom d'une sacro-sainte neutralité.

Cette interprétation de la laïcité conduit à éviter toute discussion portant sur les valeurs individuelles. Au nom de la liberté, les adultes n'affirment plus comme intangibles et non discutables les valeurs fondatrices de la vie sociale et scolaire : écoute et tolérance, respect des règles indispensables au bon déroulement du travail... Ils n'acceptent pas non plus d'ouvrir le débat sur ce qui relève du registre personnel.

Les «trente glorieuses» ont surtout valorisé le progrès et les grands principes universels des droits de l'homme. Les années post-68 ont mis en avant le bonheur personnel et les droits individuels à la différence. Dans la première perspective, l'école, par conviction ou par frilosité, a utilisé la laïcité pour n'énoncer que des principes abstraits : liberté, égalité, droit au travail et à la protection sociale..., s'efforçant de ne les illustrer que par des exemples si lointains dans l'espace ou dans le temps qu'ils perdaient toute capacité à faire réfléchir les élèves sur eux-mêmes, sur l'école, sur les faits politiques et sociaux qu'ils pouvaient observer ou connaître dans leur environnement proche. L'ouverture au respect des différences, aux droits de la personne des années soixante-dix-quatre-vingt a conduit au repli sur soi et à la valorisation individuelle.

L'école est certes confrontée au difficile problème de la cohabitation entre valeurs et éthique personnelles, dont le libre choix doit être respecté mais qui ne doivent pas être ignorées, et valeurs et éthique collectives. Les textes internationaux comme la *Déclaration universelle des droits de l'homme*, la Convention européenne des droits de l'homme ou les préambules des Constitutions françaises énumèrent des principes, des devoirs et des droits qui impliquent une adhésion aux valeurs sous-jacentes et fournissent un socle de références sur lequel pourrait s'appuyer une éducation morale à des principes intangibles et non discutables tout en faisant percevoir aux élèves que leur application ne peut être revendiquée et espérée qu'autant qu'ils sont universellement acceptés. Toutefois, cette éducation aux valeurs exprimées par les droits de l'homme ne peut porter ses fruits qu'en liaison étroite avec la vie dans l'école et ne peut pas être cantonnée à une seule discipline.

Depuis Condorcet, les partisans d'une école tournée vers la citoyenneté recommandent d'associer l'éducation du citoyen à la vie de la classe. Lorsque l'inspecteur général François renonce à l'enseignement moral au lycée, il le justifie en ces termes : « Messieurs, les inspecteurs généraux [3] me signalent que trop de professeurs chargés de l'instruction morale et civique persistent à enseigner la morale sous forme de cours. Je vous rappelle qu'à ce niveau des études la morale ne doit donner lieu à aucun enseignement *ex cathedra*. L'enseignement moral doit être pris en charge par tous les professeurs et s'insérer normalement, spontanément dans la vie scolaire de nos élèves. Les incidents heureux ou malheureux de la classe, l'explication des textes anciens ou modernes fournissent les multiples occasions que tout professeur peut

---

3. Nous sommes en 1948, les inspectrices générales sont rares et le masculin grammatical a encore de beaux jours devant lui !

saisir pour apporter à ses élèves les enseignements moraux nécessaires, et qui ne sont efficaces que dans ces conditions. » La lettre aux instituteurs de Jules Ferry, que l'on évoque si souvent dans le débat qui nous occupe, attachait aussi une grande importance à cette diffusion quotidienne et continue de la morale dans la vie de la classe. Le rapport Langevin-Wallon reprend les mêmes propos.

L'idée qui consiste à introduire des cours de morale à l'école primaire ou des cours de morale philosophique ou de philosophie morale en classe de première ou de seconde, au lycée, a toutes les chances de se concrétiser par l'enseignement d'un contenu normé que les élèves apprendront, comme ils apprennent les autres contenus qui leur sont imposés. Professeur et élève faisant leur métier dans l'école telle qu'elle est, ces cours de morale ne seront importants que s'ils donnent lieu à notation. La morale fonctionnera comme les autres disciplines scolaires, avec les handicaps et les atouts que cela présente. Malheureusement, dans le système français, les atouts sont du côté de l'enseignement et des savoirs, les handicaps du côté de l'éducation et des comportements. Une bonne connaissance des règles de morale ne garantit pas leur mise en pratique. Mieux vaudrait éviter l'aspect normatif de cours détachés de la réalité de la vie dans l'établissement et permettre aux jeunes de s'exercer, par une mise en application de principes moraux, à une réflexion sur leurs comportements ou sur ceux des institutions et personnes qui les entourent. Un regard sur la discipline « éducation civique » montre à la fois que les mêmes soucis sont toujours présents dans les textes, mais que, compte tenu des priorités de l'école, le fonctionnement disciplinaire détourne d'une éducation citoyenne.

Apprendre des valeurs à travers des principes moralisateurs est inutile si l'école ne réfléchit pas aux moyens qui pourraient permettre aux jeunes de s'impliquer sur le terrain de l'éthique.

VI

L'ÉDUCATION CIVIQUE NE SERAIT-ELLE QUE DE BEAUX DISCOURS ?

Depuis Condorcet, l'école obligatoire et publique française continue de poser comme objectif premier de l'école publique la formation du citoyen. Depuis ses débuts, celle-ci doit se faire de façon duale. L'organisation et les événements qui se déroulent dans les classes, lieu de vie collective, offrent, selon les textes officiels, des occasions de former le futur citoyen. Par ailleurs, une discipline scolaire appelée, au fil des réformes les plus récentes, instruction civique puis éducation civique, regroupe des contenus spécifiques et fonctionne, pour une part au moins, comme les autres disciplines scolaires.

À travers les textes officiels

L'article premier de la loi d'orientation de 1989 pose l'exercice de la citoyenneté comme l'un des grands objectifs de l'éducation : « Le droit à l'éducation est garanti à chacun afin de permettre de développer sa personnalité, d'élever son niveau de formation initiale et continue, de s'insérer dans la vie sociale et professionnelle, d'exercer sa citoyenneté. »

À l'école élémentaire, les programmes et instructions[1] reprennent cet objectif dans le cadre des leçons d'instruction civique, en liaison avec la vie dans la classe et réaffirment le lien entre l'éducation et la citoyenneté : « On naît citoyen, on devient citoyen éclairé. L'éducation civique ne peut tout embrasser [...]. Elle concerne les règles élémentaires de la vie démocratique et se borne donc à quelques domaines essentiels : la conduite sociale responsable, les institutions politiques et administratives, la place de la France dans le monde. L'éducation civique apprend à l'enfant qu'il ne vit pas seul, qu'il procède d'une histoire, qu'il a des droits mais aussi des devoirs. Éminemment morale, l'éducation civique développe l'honnêteté, le courage, le refus des racismes, l'amour de la République. L'éducation civique doit faire l'objet d'une présentation illustrée et aussi vivante que possible. Elle rencontre pour une part l'enseignement d'autres disciplines, et en particulier l'histoire. Elle suppose chez le maître une attitude conforme aux idées qu'il enseigne. Il tire parti des conduites quotidiennes dans un souci d'éducation [...]. Reliant la connaissance des institutions et des règles de droit aux valeurs qu'elles expriment, le maître n'oublie jamais qu'il s'agit d'édifier la citoyenneté en utilisant des savoirs [...]. L'éducation civique ne prend jamais la forme de l'endoctrinement ou de l'exhortation, elle invite à la responsabilité, elle est toujours une éducation à la liberté. »

Ces orientations rappellent celles énoncées par des textes antérieurs où figuraient aussi l'héritage historique,

---

1. *Les Cycles à l'école primaire,* ministère de l'Éducation nationale, de la Jeunesse et des Sports, direction des écoles, novembre 1994.

les droits et les devoirs, l'exemple du maître, l'éducation à la liberté sans endoctrinement ni exhortation.

Au collège, toutes les disciplines affichent des finalités civiques en continuité avec celles de l'école primaire. En sciences de la vie et de la terre, « au terme des quatre années [de collège] on attend de chaque élève qu'il ait acquis des méthodes, nécessaires à sa poursuite d'études et utiles dans sa vie d'adulte et de citoyen ». « L'enseignement du français a pour finalités de permettre à chacun de former sa personnalité et de devenir un citoyen conscient, autonome et responsable [...]. [En] éducation civique, le français participe à la tâche générale d'éducation du citoyen. »

Par ailleurs, la discipline éducation civique existe en tant que telle[2]: « L'éducation civique est une formation de l'homme et du citoyen. Elle répond à trois finalités principales: L'éducation aux droits de l'homme et à la citoyenneté, par l'acquisition des principes et des valeurs qui fondent la démocratie et la république, par la connaissance des institutions et des lois, par la compréhension des règles de la vie sociale et politique – l'éducation au sens des responsabilités individuelles et collectives – l'éducation au jugement, notamment par la pratique de l'esprit critique et de l'argumentation. Ces trois finalités préparent et permettent la participation des élèves à la vie de la cité. Ainsi, l'éducation civique repose à la fois sur des savoirs et des pratiques qui sont eux-mêmes objets d'une réflexion. L'éducation civique forme le citoyen dans la République française, au sein de l'Europe d'aujourd'hui et dans un monde international complexe. Compte tenu de l'importance de l'éducation familiale, on s'attachera à ne pas laisser les parents dans l'ignorance de ces objectifs. »

----

2. *Programme de sixième*, CNDP, 1996.

L'existence de cette discipline dans les programmes de la scolarité obligatoire française constitue une originalité. Dans plusieurs pays, la discipline « éducation civique » n'existe pas. En Belgique, il y a un enseignement de morale laïque dans les écoles secondaires publiques bruxelloises. En Angleterre, les élèves suivent un enseignement religieux dont on peut demander à être dispensé. En Italie, des enseignants, désignés par le Vatican, dispensent des cours de morale. Aux États-Unis, la situation varie selon les comtés. Il n'y a pas d'éducation civique en tant que telle, mais l'orientation générale de la formation est très nationaliste et ouverte à la socialisation. Le drapeau américain est suspendu dans toutes les classes et les enfants apprennent dès la maternelle le *pledge of allegiance* et le récitent la main sur le cœur ; les cours d'histoire contiennent l'étude des institutions américaines. Dans certains États, il y a des cours de religion. Dans d'autres il existe des séquences éducatives consacrées aux comportements des élèves. Aux Pays-Bas, l'éducation civique est une matière optionnelle dans les dernières années du lycée et fait l'objet d'une épreuve lors de l'examen final. À l'inverse, en France, au lycée, il n'y a plus de cours d'éducation civique, alors que les élèves approchent de leur majorité civique. Cette situation est paradoxale et conduit à s'interroger sur les objectifs réels de l'éducation civique au collège et sur sa réelle importance. Si la discipline éducation civique doit réellement former les jeunes à une pratique satisfaisante de leur qualité de citoyen, il est étonnant de ne pas poursuivre cette formation au lycée. Il est vrai que, dans les textes des programmes des lycées, chaque discipline se réclame de la citoyenneté et affiche ses capacités à donner un savoir formant le citoyen, en particulier l'histoire et la géographie : « L'enseignement de l'histoire et de la géographie [3],

---

3. *Horaires, objectifs, programmes, instructions, histoire-géographie,*

délibérément ouvert sur le temps présent, ne dissocie pas transmission d'un héritage et d'une culture, formation intellectuelle et éducation à la citoyenneté.» Les disciplines littéraires, scientifiques, artistiques ou sportives annoncent elles aussi des finalités comparables et sont réputées contribuer à la formation citoyenne en développant l'esprit critique, en donnant les connaissances et la formation nécessaires pour mener réflexion et débat et favoriser l'émergence d'attitudes citoyennes.

Toutefois, rien n'est dit sur la façon dont cette formation à la citoyenneté ressortira des contenus disciplinaires sélectionnés par les programmes. Traiter en terminales économiques et sociales (ES), littéraires (L), ou scientifiques (S) d'un sujet comme «l'identité nationale», sujet qui est au programme d'histoire, ne conduit pas forcément à un cours qui forme le citoyen, malgré l'intitulé. Certes, les connaissances apprises à ce sujet sont utiles pour des jeunes de dix-huit ans vivant en France et peuvent contribuer à éveiller leur conscience de citoyen, mais tout repose sur la façon dont le professeur interprétera le sujet. Le point de vue selon lequel l'enseignant abordera sa discipline joue un rôle fondamental [4]. Quel est le point de vue majoritaire chez les professeurs de lycée ? Nous l'ignorons, mais il n'y a pas de raisons pour qu'il soit très différent de celui des professeurs d'école qui, dans une enquête [5] menée en 1995 sur le métier d'enseignant par le ministère de l'Éducation nationale, n'étaient que 11 % à penser que le rôle de l'école est de former les citoyens, alors que, pour

---

classes de seconde, première et terminale, ministère de l'Éducation nationale, de la Recherche et de la Technologie, septembre 1997.

4. Sonia SAMADI, «Regards de lycéenne», *Cahiers pédagogiques,* n° 340, janvier 1996.

5. «Enseigner dans les écoles. Enquête sur le métier d'enseignants», *Les Dossiers d'éducation et formation,* n° 51, direction de l'évaluation et de la prospective, compte rendu dans *Le Monde,* 25 avril 1995.

62 % d'entre eux, « apprendre à lire, écrire, compter » est l'objectif principal. Dans la réalité des classes, chaque professeur est surtout préoccupé des contenus disciplinaires de sa spécialité, contenus sur lesquels les élèves sont interrogés et dont la maîtrise permet de réussir aux examens. Pour obtenir son brevet des collèges ou son baccalauréat, l'élève n'a pas besoin de faire preuve de qualités citoyennes. Les professeurs font leur métier et consacrent leur temps et leurs efforts à ce qui est nécessaire aux élèves pour obtenir de bonnes notes.

Reste la discipline éducation civique elle-même, enseignée dans les écoles et dans les collèges. Elle figure dans les programmes. Avec la même conscience professionnelle, les enseignants appliquent les programmes en éducation civique comme ailleurs. Ainsi, dans l'enquête précédemment citée, les instituteurs enseignent l'éducation civique à l'exception de 13 % d'entre eux, bien qu'ils ne considèrent pas que la formation du citoyen soit un objectif prioritaire. Mais si l'on interroge des parents sur ce que font leurs enfants en éducation civique à l'école ou au collège, ils avouent n'en rien savoir, certains se demandent même si leurs enfants ont des cours d'éducation civique. En tout cas, l'éducation civique reste une discipline très secondaire par rapport au français, aux mathématiques, aux langues, à l'histoire-géographie ou à l'éducation physique, malgré l'affirmation de la primauté de la formation du citoyen. Cette situation tient à la fois à des caractéristiques que l'éducation civique partage avec les autres disciplines et à ses caractères propres.

Le moule disciplinaire

L'éducation civique partage les caractéristiques de toute discipline scolaire. À partir des objectifs globaux et des sujets énoncés par les textes officiels, il faut créer un contenu enseignable. En classe de cinquième, par exemple, l'« égalité » doit donner lieu à une étude de huit à dix heures et développer trois aspects : l'égalité devant la loi (une à deux heures), le refus des discriminations (quatre heures), la dignité de la personne (trois ou quatre heures). Le professeur doit construire des séquences de travail. Les manuels scolaires donnent des modèles qui sont plus ou moins fidèlement suivis. Les choix pédagogiques, choix des contenus et des méthodes sont laissés à l'appréciation du professeur. La lecture des programmes ne permet pas de savoir ce qui se fait réellement dans les classes, mais permet de supposer que, vraisemblablement, tous les jeunes lisent et étudient sans doute plusieurs fois la *Déclaration des droits de l'homme et du citoyen*, la *Déclaration universelle des droits de l'homme*, la *Constitution de la Ve République*, la *Déclaration des droits de l'enfant*... et ont entendu les mots : droits du citoyen, vote, élections, république, constitution, droits de l'homme, pouvoir législatif, exécutif, devoirs...

Comment ces contenus sont-ils enseignés ? Le décryptage et l'étude des cours de troisième observés dans le cadre de la recherche INRP déjà citée montrent une assez grande homogénéité de contenus, proches de ceux des manuels. Le professeur fait le cours et pose des questions aux élèves. Un seul professeur distribue des fiches avec des documents et des questions et passe de table en table pour répondre aux questions des élèves. Les contenus retenus et les documents sont très voisins de ceux des manuels. Ainsi, l'organisation des pouvoirs législatif et exécutif est étudiée à partir des articles de la Constitution et présentée aux élèves sous forme d'organigrammes où chaque type de pouvoir a sa case et est relié aux autres cases par une ligne bien droite. Le citoyen disposant du droit de vote soutient l'édifice en envoyant son vote par une flèche vers les assemblées et vers le président, qui est le seul à être identifié par son nom. Des flèches symbolisent la circulation des textes de lois entre les assemblées avec retour vers l'exécutif pour la promulgation des lois votées. Sous la direction du professeur, les élèves complètent le schéma à partir de la lecture d'articles de la Constitution. C'est assez facile à remplir, à faire reproduire, à corriger et à noter. L'efficacité en matière de citoyenneté est plus aléatoire, et parfois négative. Le schéma qui présente les assemblées législatives et le pouvoir exécutif, reliés entre eux par des flèches bien droites, construit une représentation du fonctionnement des pouvoirs politiques sans aléa. Il n'y a ni enjeu, ni débat, ni partis politiques, ni division. Tout fonctionne comme le prévoit la Constitution. Cela n'engage pas beaucoup à la participation aux activités politiques du pays, puisque tout paraît aller de soi et relever d'une situation immuable. Quant au lien avec les connaissances préalables des élèves acquises à l'école primaire ou par leur regard de téléspectateur, il reste dans l'implicite. Le professeur l'exprime par « vous savez bien », ou par « vous voyez bien à la télévision... » et poursuit le cours sans que les élèves puissent répondre. Ils sont d'ailleurs occupés à remplir leur schéma ou à écouter le professeur. Parfois, le plus complexe est paradoxalement confié à la télévision : ainsi dans une classe de troisième où le professeur traitait de l'organisation actuelle du pouvoir législatif, car « c'était au brevet des collèges », les élèves étaient supposés « connaître le fonctionnement de l'Assemblée nationale » puisqu'ils voyaient les débats retransmis le mercredi par la télévision. Les commentaires d'un élève qui puisait ses sources dans les « Guignols de l'info » ont été d'abord ignorés par le professeur qui l'a ensuite interdit de parole, car il disait des bêtises. Ce n'était plus le jeu scolaire.

Divers recoupements conduisent à penser que cette manière de traiter un sujet d'éducation civique est assez ou très répandue. L'éducation civique n'est plus qu'une accumulation de connaissances apprises, sans implication personnelle de l'élève autre que celle d'apprendre le cours. Tout est aseptisé et les commentaires qui accompagnent les programmes et recommandent de s'orienter vers des méthodes actives restent lettre morte depuis plus de cinquante ans – pour ne se référer qu'à des textes postérieurs à 1945.

Pourtant, d'autres façons d'aborder ces sujets se pratiquent, mais, mises au point par des équipes ou par des professeurs isolés, elles restent « expérimentales » et à la marge du système, en éducation civique comme dans les autres disciplines, surtout dans le second cycle des lycées. Le plus souvent, les professeurs font cours et les élèves écoutent et écrivent. Cette méthode établit une relation verticale entre celui qui sait et celui qui ne sait pas et souhaite apprendre. Au dire des enseignants, elle serait de moins en moins efficace car les élèves n'écoutent plus, bavardent, écrivent n'importe quoi. Pourtant, elle survit même dans une discipline comme l'éducation civique. La notation est sans doute l'une des raisons essentielles du succès du cours magistral. Dans le cas d'un savoir donné par l'intermédiaire de la parole du professeur, l'évaluation est simple. Elle a pour règle : « J'ai dit, tu dis comme j'ai dit, et tu as dix sur dix. » Professeurs, élèves et parents intègrent cette dimension. Ils craignent, lors des examens, brevet des collèges ou baccalauréat, que le contenu appris ne corresponde pas au contenu exigé par le correcteur. L'élève s'efforce de tout apprendre et cherche à s'adapter à chacun de ses enseignants pour avoir de bonnes notes. Les originaux invétérés qui s'accrochent à des contenus ou à des présentations personnels, même justes, prennent un risque. En vue des examens, chaque discipline forge sa vulgate sur laquelle se fonde l'évaluation, les manuels jouant dans ce domaine un rôle fondamental : on apprend, en classe, ce qui est dans le manuel et c'est ce contenu qui sera exigé, à quelques aménagements près.

Dans ce type de fonctionnement, le plus facile est d'évaluer des connaissances factuelles, des savoir-faire ponctuels, surtout si le contrôle se fait par écrit, ce qui caractérise les examens français. À la limite, la forme l'emporte sur le fond. La notation oblige aussi à fixer les contenus disciplinaires reconnus comme valables par la profession, ce que l'on appelle la vulgate disciplinaire. Celle-ci se construit surtout autour de savoirs factuels qui sont les plus consensuels et les plus faciles à repérer. Une date est une date, la description d'un système électoral comporte des énonciations que l'on peut définir. En revanche, discuter des origines de ce système et de ses conséquences ouvre un débat où s'expriment des opinions et qui n'a pas forcément une conclusion évaluable en termes de vrai ou de faux. Le même type de contrainte s'applique aux méthodes de travail. Si un professeur fait un cours sur l'« égalité », notion qui est au programme d'éducation civique en cinquième, apprendre et réciter le cours correctement vaudra à l'élève une bonne note. Si le professeur choisit d'orienter les élèves vers un travail personnel, recherches, travail sur document, élaboration de dossier, guider le travail et fixer des critères de notation est plus complexe et demande une réflexion approfondie sur les critères de réussite. Les enseignants ne sont que peu ou pas préparés à ce type d'exercice. Il est donc à craindre que l'« égalité » ne soit ramenée à la définition du mot, à l'apprentissage de phrases écrites sur le cahier. Les examens fonctionnent selon la même dynamique. Le correcteur doit retrouver dans la copie de l'élève l'essentiel de la vulgate de la profession.

Les professeurs font consciencieusement leur travail pour la réussite de leurs élèves dans le système tel qu'il est. Cette approche prévaut dès les premières années d'école. Pour respecter les finalités réelles de l'école et la demande de tout le corps social, le professeur consciencieux proposera un contrôle noté, annoncé pour stimuler l'ardeur au travail, qui sera un exercice de reproduction ou de récitation à l'identique. Le sujet aura été traité, le jeu scolaire respecté, mais il est improbable que la perception de l'importance du concept d'égalité dans une société démocratique, pour reprendre cet exemple, se soit construit, ou modifié, dans la tête de ces enfants de douze ans et plus, ni qu'ils en conservent le souvenir une fois connus les résultats du contrôle. L'éducation civique est donc contrainte par son statut de discipline scolaire dans un système conditionné par la notation et par le cours magistral. Comparée aux autres disciplines enseignées dans les collèges, elle présente cependant quelques particularités qui contribuent à sa marginalisation.

Une discipline en porte à faux

À la différence des autres disciplines enseignées dans les écoles, il n'y a pas de cours, de recherche, de publications, de diplômes d'éducation civique à l'Université. Sa création à l'école n'a pas engendré, comme pour la géographie, un enseignement universitaire. Le recrutement des professeurs du secondaire se fait à partir d'une formation universitaire disciplinaire au niveau de la licence ou de la maîtrise. Les concours de recrutement pour l'enseignement secondaire, CAPES ou agrégation, sont des examens qui testent les candidats dans leur discipline. Il n'y a rien de tel pour l'éducation civique, qui n'est pas une spécialité. Faute de discipline universitaire, il n'y a pas de diplôme d'enseignement en éducation civique et donc pas de professeur spécialiste. Dans l'enseignement élémentaire, le professeur unique dirige à la fois l'apprentissage de toutes les disciplines et l'apprentissage à la vie dans l'école, mais dans les collèges l'enseignant qui en est chargé doit être désigné par le chef d'établissement en accord avec les textes officiels.

Par tradition et parce que leur discipline comporte des contenus et des approches proches de certains des sujets qui figurent au programme d'éducation civique, les professeurs d'histoire-géographie assurent très souvent ces cours, ce qui se justifie pour les sujets portant sur la citoyenneté politique ou sur les aspects environnementaux. Les historiens-géographes sont alors les plus aptes à la maîtrise de ces savoirs. D'autres peuvent aussi arguer de contenus « civiques » comme, par exemple, les professeurs de biologie pour l'éducation à l'environnement, vu sous un autre angle, ou pour les aspects éthiques posés par la biologie moderne ; les professeurs de français ou de philosophie pour ce qui touche à l'éthique et à la morale. Les contenus et les approches peuvent être considérés comme transdisciplinaires et c'est au nom de cet argument que l'éducation civique n'est pas, jusqu'à aujourd'hui, une discipline dans le second cycle du secondaire, toutes les disciplines ayant pour but de former un citoyen éclairé, puisque tel est l'objectif principal de l'école.

En 1995, le projet de programme d'éducation civique des collèges distinguait l'« acquisition de notions clefs » à raison d'une demi-heure par semaine sous la responsabilité du professeur d'histoire-géographie et un « apprentissage de la vie en société [...] de la responsabilité de l'ensemble de l'équipe éducative » pour lequel une demi-heure hebdomadaire était prévue. On revenait sur la distinction entre instruction et éducation. Les cours d'éducation civique instruisaient les élèves sur les savoirs spécifiques qui auraient été appris dans le passé au cours d'instruction civique. Les possibilités offertes par la participation de chaque élève à la vie de l'établissement et au suivi collectif des cours les éduquaient à des comportements satisfaisants dans la vie sociale. L'articulation entre les uns et les autres était vivement recommandée. Cela présupposait qu'existe une équipe éducative animée par le chef d'établissement et que l'objectif d'éducation soit, aux yeux des enseignants et de l'administration, aussi important que l'objectif d'instruction. La mise en application se traduisit par une perte d'heures donc de postes au concours pour les historiens-géographes, qui exprimèrent leur mécontentement, et surtout par l'étiolement sinon la disparition de tout enseignement réel d'éducation civique[6]. Affaire de tous, l'éducation civique n'était plus celle de personne. Il était ainsi démontré que si le système Éducation nationale appliqué dans les collèges était organisé pour instruire les adolescents, il était incapable d'assumer des objectifs d'éducation. Dans le projet définitif, l'heure hebdomadaire fut rétablie et affectée aux historiens-géographes, alors que, selon les textes, toute l'équipe éducative, sous la houlette du principal, devrait être concernée.

Cela sera sans doute le cas dans quelques établissements, mais il est peu probable que ce soit une généralité car le collège a pour mission essentielle de préparer ses élèves à suivre les cours dans un lycée. Or, l'autre particularité de l'éducation civique, et non la moindre, est qu'elle est complètement absente des programmes du second cycle, et que, mis à part une petite épreuve au brevet, elle ne compte pas pour les examens ou pour les orientations. Quelle que soit la discipline académique du professeur chargé de ces cours, la réalité de l'enseignement va dépendre largement des priorités que se

---

6. De plus, les heures d'éducation civique devaient être prises par le chef d'établissement sur la dotation horaire globale. Il n'y avait plus d'heures obligatoirement réservées à la discipline.

fixera le professeur. Le risque est grand de voir les heures d'éducation civique utilisées à d'autres fins : enseigner l'histoire ou la biologie, en un mot faire avancer le programme dans une discipline plus importante et qui compte vraiment aux examens. Les professeurs et les élèves, très conscients des enjeux et recherchant la réussite, continueront donc à marginaliser cet enseignement.

Une pratique dévoyée : les délégués élèves

Depuis 1968, les collégiens et les lycéens élisent deux délégués dans chaque classe. Ceux-ci sont réputés être les intermédiaires entre les personnels éducatifs et les élève de la classe. Ils assurent la transmission des informations administratives, transportent le cahier de textes et assistent aux conseils de classe à la fin de chaque trimestre. Ils élisent à leur tour les représentants élèves au conseil d'administration de l'établissement. Dans les lycées, les délégués forment le conseil des délégués élèves. Des délégués élus siègent aussi au niveau rectoral.

Les élections doivent être un moment d'initiation à l'exercice du droit de vote dont dispose tout citoyen. C'est *a priori* louable et même remarquable puisque, pour une fois, il y a mise en application d'un des droits du citoyen à l'école. Cela se pratique partout car il y a obligation pour chaque classe d'avoir deux élèves délégués. C'est, d'un certain point de vue, ce qui se passe le mieux en dehors des cours à proprement parler. Le chef d'établissement doit en organiser le déroulement. Il communique par écrit aux professeurs les modalités du scrutin et désigne ceux qui auront à faire élire les délégués durant leurs heures de cours. Ces élections sont donc organisées dans des conditions qui sont les mêmes que celles qui président à l'organisation des cours. Le chef d'établissement est responsable et son autorité s'impose aux professeurs dans le cadre de leurs cours. Ces deux points sont très importants et expliquent pour une grande part le succès de cette opération. Ils soulignent aussi que ces deux conditions, sans être suffisantes, sont nécessaires pour qu'une activité fonctionne au niveau de tout un établissement.

Comme les élections se déroulent pendant une heure de cours, qui est donc « perdue » – entendons « perdue » pour des contenus disciplinaires –, le professeur principal ou le professeur d'éducation civique en sont souvent chargés. Le choix du professeur d'éducation civique se justifie par le fait qu'il aura à enseigner des connaissances proches de celles qui sont mises en œuvre lors du scrutin. Le professeur principal est celui qui doit être l'intermédiaire entre les élèves de la classe et l'administration. Organiser les élections des délégués fait donc partie de ses attributions. De façon générale, ces élections plaisent aux élèves qui, dans leur grande majorité, apprécient une heure de cours qui ne se passe pas à travailler et où se déroule un jeu plutôt amusant avec un peu de suspense : qui sera élu ? Du côté des professeurs, deux attitudes prévalent. Pour les uns, cela fait partie des « corvées administratives » qui font perdre du temps, mettent en retard sur le programme et embarrassent certains collègues qui, malgré les indications données par l'administration, ne sont pas sûrs de mener à bien l'opération. Un document explicatif a été distribué dans leur casier une semaine avant les élections et ils devaient en parler avec les élèves, mais ont-ils eu ce document à temps ? Et puis toute discussion dans la classe fait perdre tellement de précieuses minutes qu'ils ont escamoté toute information ou discussion préalable. D'autres professeurs prennent le temps de montrer les enjeux de ces élections, invitent les élèves futurs candidats à expliciter leur motivation et à faire part des initiatives qu'ils comptent prendre, offrent leur aide pour l'organisation d'une réunion préalable. Cela est sans doute rare car lorsque, en classe de première ou de seconde, les élèves sont invités à s'organiser en vue des élections, la majorité d'entre eux sont étonnés et ne savent pas quoi dire ni comment le dire. Au jour dit, les candidats se déclarent et leurs noms sont notés au tableau. À entendre les commentaires en salle des professeurs, l'élection de « bons élèves » est appréciée. Les élèves qui ont élu des délégués considérés comme des élèves indisciplinés ou comme des cancres sont dénoncés comme irresponsables. Est-ce un lointain héritage inconscient de la France de Vichy et de sa glorification du chef ? Les élèves ressentent cette pression et, dans certaines classes dites « mauvaises », les candidats sont rares. Pourquoi être candidat et pour quoi faire si l'on n'est pas reconnu comme un interlocuteur valable par les professeurs et si tout paraît joué d'avance ?

Préparées ou non, les élections ont lieu au jour dit. Tous les présents votent. Après décompte et vérification, les résultats sont proclamés et si tout s'est déroulé rapidement, le cours peut commencer. À l'enthousiasme des élèves de sixième fait place une certaine indifférence au fur et à mesure que les années passent. En second cycle, les délégués ne sont que rarement les premiers de la classe, mais plutôt les originaux ou les élèves « moyens » mais dynamiques et ouverts. La fonction n'est en effet pas très payante en termes de réussite personnelle évaluée par les résultats scolaires et l'on peut s'interroger sur leur efficacité pour encourager à une citoyenneté responsable et active. La participation est obligatoire, du fait que l'élève est « coincé » dans la classe. L'appartenance à la classe détermine l'éligibilité et le droit de vote, comme dans les élections professionnelles. Sauf cas exceptionnel, les candidats n'ont aucune possibilité de dialogue avec les autres élus, parents ou professeurs, ou avec les responsables administratifs ou pédagogiques de l'établissement. En l'absence de programme et d'enjeu, les choix sont souvent des choix de sympathie. Ce n'est pas choquant en soi. Les belles dents, la taille, le sourire, la prestance de tel ou tel candidat sont réputés orienter les résultats des «vraies» élections, ici ou là. Être sympathique est un atout en politique, mais aiguiser les capacités de choix des futurs citoyens à l'aide de ce seul critère, est-ce former le citoyen ?

Le rôle dévolu au délégué est variable. Officiellement, il est l'intermédiaire entre les élèves de sa classe, les professeurs et l'administration. Dans sa vie quotidienne de collégien ou de lycéen, il n'est bien souvent que le porteur du cahier de textes et le transmetteur des messages que la conseillère d'éducation souhaite porter à la connaissance des élèves. Son rôle d'intermédiaire est une peau de chagrin. Comme nous le verrons, cela est lié au fait qu'il n'y a le plus souvent aucune décision à prendre ensemble. Dans la classe, le professeur décide de l'organisation et de la nature du travail, des formes de la notation. Les occasions de dialogue sont rares. La majorité des professeurs n'y tient pas et redoute toute demande émanant des élèves. Ces derniers sont d'ailleurs le plus souvent perçus comme irresponsables ou sournois. Comme les autres élèves, les délégués sont maintenus, comme nous l'avons vu, en situation d'infériorité. Ils sont peu poussés à intervenir par leurs camarades et ont du mal à se faire entendre. À tort ou à raison, ils redoutent les représailles. Notons que cette crainte est tellement répandue, y compris parmi les parents, qu'elle doit avoir quelque raison d'être. La peur du «retour de bâton» en cas de contestation des décisions prises par des personnes ayant un pouvoir imbibe d'ailleurs toute la société française. Prend-elle naissance à l'école ou l'école n'est-elle que le reflet d'un caractère culturel ? Quoi qu'il en soit, les délégués, sauf exception, ne participent que peu et même pas du tout aux décisions sur leurs conditions de travail. Le professeur et l'administration décident le plus souvent sans les consulter. Les autres élèves sont d'ailleurs peu exigeants vis-à-vis de leur délégués. Ils ne les sollicitent que lors des conseils de classe. Lorsque, dans un lycée, il fut décidé que tout élève le souhaitant pourrait assister au conseil de classe lors de l'examen de ses propres résultats scolaires, certains exprimèrent l'idée que les délégués ne servaient désormais plus à rien, sauf pour le cahier de textes.

Les délégués assistent au conseil de classe. Ils y ont droit de parole, sans droit de décision, comme les parents délégués. Le plus souvent, le président du conseil de classe, qui est souvent le chef d'établissement ou son adjoint, use de beaucoup de condescendance à l'égard des délégués élèves, de sorte que la participation de ces derniers au conseil de classe est difficile et leur rôle limité. Au début du conseil de classe, ils ne sont pas présentés comme les autres participants. Lors de l'examen des résultats de leurs camarades, la parole ne leur est pas donnée. Ils ne sont invités à s'exprimer qu'à la fin du conseil, et de manière très accessoire : on leur demande s'ils ont quelque chose à dire. Il est rare que le professeur commentent les résultats ou l'attitude de la classe leur demande leur avis sur des questions qu'ils connaissent pourtant eux aussi fort bien, ce qui pourrait aider à trouver des solutions pour régler certains dysfonctionnements. Il est vrai que les élèves délégués sont parfois maladroits ou embarrassés dans leurs interventions, surtout si les adultes les rabrouent ou confondent la personne élève et le délégué élu, porte-parole. Nous verrons que d'autres attitudes de la part des adultes donneraient davantage d'opportunités aux jeunes élus d'exercer leur délégation et de s'y intéresser.

Certes, les textes prévoient une formation pour les délégués qui doit se dérouler dans chaque établissement mais, à la différence de l'organisation des élections, celle-ci repose sur le volontariat des adultes et se déroule en dehors des heures prévues à l'emploi du temps. La formation a pour but de faire connaître aux délégués les textes qui définissent leur fonction et de les aider à préparer leurs interventions tant vis-à-vis de leurs camarades que de leur professeur ou de l'administration. Cette formation n'entre dans les obligations de service d'aucun professeur et repose sur les conseillers d'éducation. L'initiative peut venir du chef d'établissement, qui doit trouver des volontaires parmi les professeurs, documentalistes, conseillers d'éducation et surveillants. Ceux-ci peuvent aussi être à l'origine du projet avec l'assentiment du chef d'établissement. Les professeurs sont des spécialistes disciplinaires et aucun n'est spécialisé en formation des délégués, pas plus que les documentalistes ou les conseillers d'éducation, ces derniers étant en général les plus prêts à s'impliquer. Il faut donc un temps de préparation et de réflexion.

Le deuxième obstacle est le temps. Il faut déterminer les moments où cette formation se déroulera, ce qui implique de disposer d'une plage horaire où tous les délégués et tous les animateurs soient libres et qui se situe dans les heures normales de présence au lycée. Si la formation ne peut se faire qu'après les cours, entre six heures et sept heures, sa réussite est fortement compromise. Seul le chef d'établissement peut décider que l'emploi du temps comportera une plage horaire réservée à cet usage.

Le troisième handicap est la méfiance des professeurs, qui craignent que les délégués ne soient formés pour prendre le « dessus » ou le pouvoir. La formation des délégués les effraie et, à l'inverse de Condorcet, ils semblent préférer des délégués politiquement incultes.

Un exemple illustrera ces propos. Dans un « bon » (par ses résultats au baccalauréat) lycée de banlieue parisienne, deux conseillères d'éducation et deux professeurs d'histoire-géographie se proposèrent pour organiser cette formation, avec l'aide de la Fédération française des œuvres laïques, qui propose un dossier facilitateur. Le chef d'établissement exprima son accord, accepta qu'un guide du délégué fût acheté et confié à chaque élève délégué, participa à l'une des séances de formation sur demande des animatrices, mais les réunions devaient se glisser dans l'heure du repas. Si chaque élève disposait d'un temps de repas raisonnable, certaines classes finissaient les cours à treize heures tandis que d'autres recommençaient à la même heure. Si motivés soient-ils, la moitié seulement des délégués pouvaient suivre la formation. L'expérience dura deux ans sans que le chef d'établissement trouve une solution. Il est vrai qu'une majorité de professeurs regardaient cette expérience avec méfiance. Poussé par les animatrices, le chef d'établissement finit par annoncer que la fonction de professeur principal comporterait à l'avenir l'obligation de participer, selon des modalités à définir, à cette formation, mais cela resta lettre morte. Pourtant, pour calmer les craintes de leurs collègues, les animateurs prirent soin de distribuer à chaque professeur un exemplaire du compte rendu de chaque réunion, en leur demandant de bien vouloir leur communiquer toute réaction, proposition ou question. Aucune remarque ne leur parvint. L'équipe d'animateurs ne réussit ni à recruter ni à se renouveler.

Malgré la satisfaction des élèves et le fait que les échanges, lors des conseils de classe, fussent reconnus comme étant plus agréables et plus efficaces par les adultes et par les jeunes, l'expérience s'enlisa au bout de deux ans. Elle était trop marginalisée et trop lourde à gérer sur le long terme. Cela ne constituait pas un objectif intéressant pour l'ensemble du lycée. Administration et corps professoral avaient plus sérieux à faire : préparer au baccalauréat ! Une telle attitude est l'attitude dominante. Cela explique que peu d'établissements aient intégré cette formation à leur fonctionnement, même si quelques exceptions existent.

Les mêmes remarques et commentaires s'appliquent aux élections des délégués élèves au conseil d'administration des collèges et lycées. Là aussi, il y en apparence délégation démocratique de pouvoir par le biais d'un scrutin à deux degrés. Mais, comme au niveau de la classe, les enjeux de pouvoir sont inexistants. Il n'y a, le plus souvent, pas de programme de type politique impliquant des choix décisionnels et, par conséquent, pas d'enjeu de pouvoir. À quelques exceptions près, il n'y a ni presse ni débat. Les délégués ont la plus grande difficulté à exercer quelque pouvoir que ce soit et l'institution prend grand soin de ne pas leur en donner, ainsi que le montre le déroulement de la plupart des conseils de classe ou des conseils d'administration. Pourtant, les textes parus en 1986 sur les droits lycéens donnent de réels droits aux jeunes, mais, sauf exception, ils ne s'en saisissent que très lentement. Il faut que se rencontrent des proviseurs, des jeunes et des professeurs motivés, engagés et pugnaces, car l'institution n'est pas faite pour cela. À preuve l'hésitation de certains délégués de classe à manquer une heure de cours pour participer à l'élection des délégués au conseil d'administration, le mécontentement de professeurs qui n'acceptent pas qu'un élève manque leur cours pour un but considéré comme secondaire. Dans certains cas, les professeurs, souvent non avertis du calendrier de ces réunions, obligent les délégués au rattrapage des cours et des contrôles sans facilités particulières.

La loi d'orientation de 1986 crée dans chaque lycée le conseil des délégués, qui doit être régulièrement réuni et consulté sous la responsabilité du chef d'établissement. Les réunions ont lieu mais, comme pour les délégués de classe, certaines conditions sont nécessaires pour un fonctionnement satisfaisant. Si les convocations sont envoyées aux délégués sans ordre du jour et trop tardivement pour qu'ils puissent recueillir l'avis de leurs camarades ou en parler entre eux, la réunion est vite expédiée et la participation des jeunes limitée. Toutefois, le conseil des délégués donne un second souffle au rôle des jeunes dans les lycées. Il reste aux adultes à en permettre la tenue.

Les délégués élèves sont institués depuis trente ans, mais ne sont pas encore considérés comme de vrais partenaires par les professeurs et les personnels administratifs. La plupart des adultes acceptent mal de dialoguer avec des élèves ayant quelque autorité à formuler des demandes ou des critiques et à proposer des solutions. Les délégués, habitués au carcan scolaire et laissés sans aide ni conseil face à leur nouveau rôle, ne parviennent à se faire entendre que s'ils ont une forte personnalité et si, en dehors de l'école, souvent dans leur famille, ils ont appris à défendre un point de vue et à convaincre le monde adulte de les écouter.

Les pratiques citoyennes imposées par les textes dans les collèges et les lycées ne fonctionnent que difficilement. Des expériences sont menées, qui relèvent souvent de l'initiative prise par quelques responsables éducatifs. L'efficacité maximale est atteinte lorsque le chef d'établissement s'efforce de mobiliser les énergies et de créer les conditions favorables. Mais lui aussi sera davantage jugé au vu des résultats académiques de ses élèves plutôt que sur leurs comportements sociaux. La formation du citoyen, bien qu'associée à l'école obligatoire depuis plus d'un siècle et présentée comme son principal objectif, reste plus formelle que réelle. Actuellement, de tous côtés, on parle de citoyenneté à l'école, on réinvente l'école de Jules Ferry et les vertus des enseignements civiques et moraux, abandonnés. En fait, l'école est toujours marquée par des valeurs héritées du passé et c'est là plus un handicap qu'un appui éventuel pour une formation du citoyen adaptée à la société actuelle. Ce qu'elle a conservé des cours d'autrefois est de plus en plus en porte à faux avec les attitudes sociales, y compris scolaires. Il en est ainsi du discours moralisateur sur la valeur du travail et sur ses bienfaits, sur l'obéissance stricte, sur l'importance de l'honnêteté intellectuelle, sur la franchise... Absentéisme et violence ne sont pas d'aujourd'hui. De plus, l'éducation morale et civique diffusée dans les classes des écoles primaires de la IIIᵉ République visait à former des citoyens dociles, respectueux de la hiérarchie et du bon ordre social, ce qui ne correspond plus aux mentalités ni aux idéaux de la société actuelle.

Les conditions de fonctionnement de l'école elle-même ont complètement changé. Aller à l'école en 1890 était un privilège et, jusqu'en 1950, enfants du peuple et enfants de la bourgeoisie ne se mêlaient pas dans les classes. Entre 1950 et 1986, l'école s'est lentement démocratisée en accueillant dans les mêmes classes tous les enfants d'une même génération. L'obligation scolaire et la volonté des familles obligent l'institution scolaire à conserver dans son giron tous les enfants de moins de seize ans et la plupart d'entre eux jusqu'à dix-huit ou vingt ans. Le renvoi des élèves indisciplinés vers la vie active n'est plus accepté.

Le regard porté sur l'institution s'est lui aussi modifié. De par la loi, les parents et les élèves sont reconnus comme des intervenants légitimes, observent mieux ce qui se passe dans les établissements et constatent souvent que l'école, tout en ayant des qualités, pourrait s'ouvrir davantage au dialogue avec les parents et les jeunes. Prendre en compte la parole des élèves ne fait pas partie des habitudes du corps enseignant, ce que confirment les réactions des professeurs et de certains de leurs syndicats lors de la consultation des lycéens conduite par la commission Meirieu afin de préparer le colloque « Quels savoirs enseigner dans les lycées ». Il est vrai que c'était là une grande première dans l'Éducation nationale. Le sérieux des réponses et la pertinence du regard porté sur leurs conditions de formation prouvent que les lycéens d'aujourd'hui ne sont ni dilettantes ni blasés, mais lassés de leurs conditions de travail. Certaines de leurs demandes relèvent du sujet qui nous préoccupe. Avec une grande unanimité, ils réclament « une évolution fondamentale des attitudes et des rythmes », que « les problèmes de société actuels » constituent une partie importante des contenus disciplinaires, que « l'expression orale, le débat » occupent une plus grande place, que les enseignants leur parlent. « Les élèves demandent à être impliqués à la fois dans les choix d'apprentissage qui aient un sens pour eux, dans un emploi du temps qui les laisse vivre et dans des méthodes de travail efficaces. » Ils veulent « monter des projets [...], développer des activités de détente [...], participer à des sorties [...]. Ils dénoncent la rigidité du système [7] ».

Certaines de ces demandes se retrouvent formulées par le ministère de l'Éducation lui-même dans le texte adressé aux responsables éducatifs, depuis le recteur d'académie jusqu'au directeur d'école, à propos des « initiatives citoyennes ». Lors de la semaine du 24 au 28 novembre, les enseignants sont invités à « engager des débats [...], faire des sorties [...], concevoir ensemble un projet qui permette l'intériorisation des règles d'une vie commune fondée sur les repères d'une morale civique qu'il convient de redonner aux jeunes et aux enfants... », l'accent étant mis sur la « participation active des élèves ». Si, dans le premier degré, le point d'ancrage doit être la

---

7. Premier document de synthèse sur la consultation nationale de janvier 1998, présenté dans *Le Monde*, 12-13 avril 1998.

« vie de la classe », au collège, « la notion de citoyenneté devra être déclinée en termes de savoirs, de valeurs et de pratiques ». Tout cela étant explicitement organisé autour des thèmes au programme, comme l'étude des institutions ou de l'environnement, ou pour agir de manière préventive contre les situations de violence. Les exemples qui suivent montrent que si les enseignants le proposent les élèves travaillent sur des sujets traitant de ces thèmes, ce que chacun sait. Rien n'est dit sur les raisons qui font que cela reste des exceptions, ni sur ce qui devrait être fait pour qu'il ne s'agisse pas seulement d'« initiatives » mais d'éducation.

En résumé, l'éducation civique remplit parfaitement la mission qui lui est confiée dans notre système : dispenser des savoirs et des connaissances sur nos institutions, sur les droits et les devoirs du citoyen, etc. En revanche, de sérieux handicaps existent pour ce qui est des pratiques et des comportements. On s'aperçoit, par les exemples commentés ici, des bouleversements que devrait subir notre système pour qu'existe à l'école une éducation à la citoyenneté.

Celle-ci est fortement liée à la place de l'élève dans la relation pédagogique. Tous les courants de pédagogies dites « nouvelles », malgré l'âge déjà canonique de certains d'entre eux, ont formulé des propositions pour que l'élève soit au cœur de l'acte pédagogique et participe directement à la construction de son savoir. De nombreuses recherches et expériences ont donné lieu à des rapports proposant d'autres approches des contenus disciplinaires et des méthodes d'enseignement. Certaines ont été partiellement utilisées pour des modifications de programme ou d'organisation. Pour le professeur sur le terrain, diverses initiatives peuvent être lancées pour faciliter chez les élèves l'acquisition d'attitudes plus compatibles avec leur statut de citoyen dans un État démocratique.

Seconde partie

LA CITOYENNETÉ EN ACTES, LA CITOYENNETÉ SOCIALE

Actuellement, la citoyenneté s'apprend à l'école mais ne s'y pratique pas. Les élèves doivent se plier aux règlements et apprendre ce qui est au programme des diverses matières. L'existence de cours d'éducation civique à l'école primaire et au collège n'y change rien. On y apprend en privilégiant les connaissances factuelles, en oblitérant les incertitudes et les débats, de façon à transmettre un savoir normé et aisément notable. Jusqu'en 1996, les programmes étaient centrés sur la connaissance des rouages administratifs et institutionnels, connaissances qui se rattachaient surtout à la citoyenneté politique. La référence essentielle était la *Déclaration des droits de l'homme et du citoyen* de 1789, qui affirme des droits et des devoirs individuels surtout de nature politique. L'école n'étant ni un gouvernement ni un État, elle peut difficilement se prêter à une mise en pratique d'une citoyenneté politique. La seule exception est l'élection des délégués, occasion, souvent mal exploitée, de mimer le droit de vote et la délégation de pouvoir, comme cela se pratique dans les régimes démocratiques. Si l'école ne donne pas au concept de citoyenneté une autre signification, non exclusive de la première, elle ne peut pas prendre en charge une éducation à la citoyenneté fondée sur des pratiques. Elle fait, au mieux, apprendre et comprendre aux élèves le fonctionnement de la démocratie française à la lumière de connaissances acquises dans diverses disciplines.

En revanche, l'école est une structure de travail et de vie en commun, avec ses règles propres, une entité où le comportement de chacun contribue à l'atmosphère générale. En passant de sa famille à l'école, l'enfant se socialise et l'école maternelle fait de cette socialisation l'un de ses principaux objectifs. Comme nous l'avons vu, cet apprentissage, qui s'accompagne de prise de responsabilités, s'étiole au fur et à mesure que l'enfant avance dans ses études. De plus en plus éduqué, il est de moins en moins sollicité pour participer à la vie de l'école. L'apprentissage de la citoyenneté pourrait privilégier l'aspect social et collectif de la vie à l'école en développant toute forme d'éducation créant des liens entre les individus, adultes ou adolescents. On passerait d'une citoyenneté politique à une citoyenneté sociale, qui implique l'individu dans ses relations avec les autres à diverses échelles, celles de la classe, de l'école, du quartier, de la ville, des associations, de la nation ou d'entités plus globales. Des expressions comme « citoyenneté européenne » ou « citoyen du monde » s'y réfèrent.

Cela ne signifie pas qu'il faille évacuer toute formation à une connaissance institutionnelle et politique, mais celle-ci dépassera difficilement la sphère des savoirs si elle n'est pas complétée par une éducation à la citoyenneté sociale. Les droits politiques et économiques sont moins directement en prise sur le vécu des élèves à l'école. Certes, au fur et à mesure que les élèves vieillissent et accèdent à la majorité civique et au monde du travail, leurs pratiques s'élargissent au champ politique et économique, mais en dehors de l'école. Celle-ci n'en subit que les retombées en se devant d'adapter ses règles et ses pratiques au fait qu'au-delà de dix-huit ans le lycéen est pleinement responsable aux yeux de la loi et échappe légalement au contrôle parental. Certaines des dispositions, prévues pour des élèves mineurs, ne devraient donc plus s'appliquer aux élèves majeurs. Toutefois, la présence d'élèves majeurs ne change pas la nature de l'institution scolaire, qui peut se donner comme but d'entraîner à la pratique de la citoyenneté sociale, mais, garante de la laïcité, ne peut pas et ne doit pas accueillir de pratiques politiques.

L'élève est, d'une part, fortement contraint par l'obligation scolaire et par l'autorité donnée à ceux qui sont responsables de son éducation et, d'autre part, investi des droits reconnus à toute personne et à tout enfant. L'orientation de l'école vers une éducation à la citoyenneté sociale et sa mise en pratique pourraient aider à accepter cette inévitable contradiction, car elle oblige à une réflexion sur l'exercice du pouvoir et sur l'exercice des responsabilités dans les interactions sociales.

L'éducation à la citoyenneté sociale a pour objectif d'apprendre à vivre ensemble, d'enseigner les valeurs fondatrices des démocraties fondées sur les droits de l'homme tels que les définissent les textes internationaux, et de transmettre les savoirs disciplinaires les plus formateurs pour comprendre le monde et les autres et exercer un jugement critique. Ces trois buts doivent être poursuivis simultanément et commander l'organisation des établissements et des cours.

Les contraintes des programmes sont souvent mises en avant pour justifier, aux yeux des élèves et des parents, le maintien des habitudes de la profession. Or, les programmes des écoles, lycées et collèges évoluent régulièrement et ne constituent pas, à y regarder de près, un réel blocage pour une nouvelle approche de la citoyenneté car ils comportent de plus en plus de sujets d'étude en prise avec la vie des élèves. De plus, en dehors des classes d'examen, les professeurs ont toute liberté pour choisir les contenus les mieux adaptés à leur objectif de formation.

Ce qui se passe dans le cours est surtout important par le type de relations qui s'instaure entre le professeur et les élèves, d'autant plus que l'institution doit relever le défi de la démocratisation de l'enseignement dans les collèges et plus récemment dans les lycées et inclure des élèves qui ne sont pas « bons » à ses yeux. La relation fondée sur le face-à-face entre deux personnes, le professeur et l'élève, se manifeste à l'intérieur du système par les notes qui déterminent un jugement de valeur. Il y a le bon et le mauvais élève. Le « bon » se sent accepté, le « mauvais » est condamné et exclu, bien que soumis à l'obligation scolaire. Les enseignants se plaignent de l'attitude consumériste des parents et des enfants à l'endroit de l'école et du fait que les élèves ne travaillent que pour les notes. Mais à voir l'enthousiasme et la bonne volonté des jeunes arrivant en sixième ou en seconde dans les premiers jours de la rentrée, on peut se demander si cette attitude ne se développe pas à l'école. Ne soyons pas hypocrites, tout notre système repose sur cet échange presque marchand qui affiche une note en face de chaque travail. Les mauvaises notes accompagnées de remarques dévalorisantes rejettent le « mauvais élève » comme si tout se résumait par la formule : pas de bons devoirs, pas de bonnes notes, pas de droit à être là. Quinze jours après la rentrée, les premières évaluations traduisent les chances d'insertion ou de rejet. À quoi peuvent prendre part les jeunes qui n'obtiennent pas de bonnes notes ? L'orientation est le plus souvent une exclusion. Exclusion des bonnes sections, exclusion des classes scientifiques, exclusion de l'enseignement classique, exclusion de l'enseignement long... Tout est conditionné par les moyennes obtenues dans les disciplines scolaires dites fondamentales. Les

« mauvais » n'appartiennent plus à rien, surtout s'ils subissent déjà certaines formes d'exclusion sociale. Rien n'est mis en place pour permettre à ceux qui sont défaillants de dépasser leurs résultats purement scolaires, pour leur permettre d'éprouver un sentiment d'appartenance à la communauté et pour susciter chez eux le goût de l'effort. Il y a urgence à « faire du lycée un lieu social, c'est-à-dire un espace où l'individu est inséré dans un ensemble de liens humains et symboliques [1] ». Cela obligera à des changements d'objectifs prioritaires qui modifieront l'organisation des établissements scolaires, le travail des élèves et des personnels enseignants. Nos propos porteront surtout sur l'apprentissage du vivre ensemble, sous-tendu par l'éducation aux droits de l'homme.

---

1. Robert BAILLON, *Le Lycée, une cité à construire*, Hachette, Paris, 1993.

VII

DES CONTENUS MOBILISATEURS

Dans la tradition française, la formation du citoyen est étroitement liée à la création de l'école obligatoire et déterminait, à ses origines, une partie des contenus enseignés.

Après la Seconde Guerre mondiale, tout en généralisant l'instruction civique, l'enseignement secondaire se repliait frileusement sur des sujets étudiant le passé. L'histoire immédiate disparaissait des programmes. Les auteurs contemporains n'y figuraient pas. Les élèves étaient supposés tirer des leçons du passé la compréhension du présent, sans que le lien soit explicité. Jusqu'en 1988, les jeunes Français munis de leur baccalauréat n'étudiaient pas l'histoire immédiatement contemporaine. Ce n'est qu'à cette date que les programmes d'histoire de troisième et de terminale englobèrent le temps présent. Comment peut-on éduquer à la citoyenneté en ne prenant que des exemples historiques ou en ne faisant lire que des romans qui parlent d'une société et de problèmes totalement décalés par rapport à la sensibilité et aux questions que les jeunes se posent ?

Des sujets d'étude actuels

Les élèves sont très souvent dociles et se plient au programme et aux sujets qui leur sont imposés. Parfois, ils demandent que tel ou tel sujet soit abordé. Le plus souvent, leur proposition est liée à quelque événement qui s'est déroulé quelque part et sur lequel ils s'interrogent. Ne pas répondre à leur demande au nom de la progression et du programme déconsidère le professeur et démobilise les élèves ; ouvrir un débat sans rapport avec les sujets traités à ce moment-là dans la classe et sans préparation relève du show télévisé. À chaud, mieux vaut ouvrir un court échange afin de faire préciser la demande, de faire s'exprimer quelques opinions par les élèves, et s'en tenir là. Une exploitation plus ample demande soit qu'il existe, dans le planning de l'année, un moment prévu pour que les élèves puissent s'exprimer sur l'actualité, soit que le professeur réfléchisse à une insertion ultérieure dans les sujets à traiter. Si ceux-ci sont uniquement tournés vers le passé, cette reprise est impossible et les savoirs scolaires sont complètement déconnectés de la réalité du moment. On ne parle plus des choses de la vie, les disciplines, scientifiques ou littéraires, ne sont plus conçues que pour un usage scolaire.

Le bon élève, inconditionnel du système, s'y retrouve et apprend pour avoir de bonnes notes ; l'autre, peu motivé par un travail qui n'a de sens qu'à l'école, s'en détache et, au mieux, trouve ailleurs des centres d'intérêt, au pis ne s'intéresse plus à rien. Très souvent l'élève qui s'accommode de l'absence d'intérêt des sujets scolaires est celui qui est poussé par sa famille à être bon élève sans autre but que celui-là, ou relativise les apports de l'école par la richesse des apports familiaux. Dans ce dernier cas, il s'ennuie à l'école. S'il est docile, le système ne lui en demande pas plus. S'il le fait savoir, le système sanctionne son indiscipline. Quant aux autres, l'école les éloigne de toute possibilité de comprendre le contexte dans lequel ils vivent. Certes, on peut traiter du passé en se saisissant du sujet pour analyser le présent, en prenant un recul historique. La démarche doit être alors explicite et être menée jusqu'au bout, que l'on parte ou que l'on aboutisse à la question actuelle. Les relations entre le passé et le présent, évidentes pour le spécialiste ou pour le professeur, ne le sont pas pour les élèves. Les établir est d'autant plus difficile que les sujets sont découpés en morceaux adaptés, dans le secondaire, à une heure de cours. À chaque heure correspond une leçon à apprendre pour l'heure suivante. La continuité, évidente pour le professeur, n'est pas évidente pour l'élève.

Les propositions de traiter l'histoire à travers des thèmes de l'Antiquité à nos jours avaient, entre autres, cet avantage aux yeux des professeurs chercheurs de l'INRP. L'idée des thèmes ou des fils directeurs relève de la même démarche. On peut traiter des impôts pharaoniques sans autre but que de donner à connaître sur l'empire égyptien. On peut aussi insister sur les phénomènes permanents liés à la levée de l'impôt, nécessité du comptage, de la mesure, de la lutte contre la fraude, besoin de scribes spécialisés au service du pharaon ou des temples, mais aussi absence de tout contrôle du pouvoir... Cela permet aussi à l'élève de construire son savoir en partant de ce qu'il sait de par sa pratique sociale. Toutefois, les enseignants se sentent, à juste titre, contraints par les programmes et ce d'autant plus qu'ils subissent, comme leurs élèves, la tyrannie des examens. C'est l'atmosphère qui prévaut en classe terminale et qui se répercute sur tout le second cycle et en partie sur le premier cycle du secondaire, quand ce n'est pas dès la maternelle. Les professeurs sont obnubilés par l'écriture, la dissertation, les savoirs et techniques requis par les épreuves d'examen. Ils font correctement leur métier.

Ainsi, la *Déclaration des droits de l'homme et du citoyen* de 1789 est étudiée en détail et à plusieurs reprises en primaire et en secondaire depuis un siècle. En revanche la *Déclaration universelle des droits de l'homme* de 1948 n'a figuré longtemps qu'au programme d'éducation civique et n'était donc lue ou étudiée que dans les collèges, à condition que les cours d'éducation civique aient lieu. Cette étude fut donc longtemps quelque peu confidentielle. Or tous les contenus ne se valent pas. L'étude de la *Déclaration des droits de l'homme et du citoyen* de 1789 est indispensable du point de vue de la culture historique. Il faut la connaître, car ce texte appartient à notre mémoire commune. Réfléchir à ses implications permet de comprendre les évolutions politiques et sociales du XIXᵉ siècle et la genèse des droits et des devoirs dans le système de gouvernement démocratique français. Ces deux derniers points sont difficiles pour beaucoup d'élèves du secondaire. Les élèves ne peuvent pas mener un débat sur les enjeux sociaux et politiques du XVIIIᵉ siècle, sur les points de vue, sur les divergences d'interprétation ou sur les écarts entre l'affirmation de ces principes et les réalités telles que l'histoire les reconstitue. Ils peuvent tout au plus apprendre à propos de faits d'importance quelles furent les différentes opinions exprimées par les uns et les autres ainsi que quelques éléments d'historiographie. En débattre est généralement affaire de spécialistes, hors de portée de l'élève.

Par ailleurs, les mots ont souvent pris des sens différents selon le contexte. Il en est ainsi de la notion d'égalité. Dans : «Tous les citoyens sont libres et égaux en droit», les élèves projettent leur conception de l'égalité, qui est l'égalité sociale et économique. L'égalité politique leur échappe, et le mot « droit » est lui aussi compris comme droit à posséder, à consommer, ou «avoir droit à». Il est donc important que les contenus appris par les élèves soient adaptés aux objectifs choisis. Si l'objectif est de leur fournir des outils de réflexion pour les former à des attitudes mentales plus critiques et à des attitudes plus participatives, une partie des programmes doit porter sur des sujets contemporains. Pour rester dans le même type de texte, la lecture de la *Déclaration* de 1948 et sa compréhension sont plus importantes que celles du texte de 1789 car les principes et les droits qui y sont formulés s'appliquent aux élèves, leur imposent des valeurs éthiques à l'aune desquelles sont jugés les actes personnels et collectifs, privés ou publics, confortant ou dénonçant les décisions et les actions menées dans le monde qui les entoure. Enfin, ils trouvent leur genèse dans un passé qui appartient à la mémoire vivante.

Ceux qui affirment que seule est importante l'étude des siècles et des grands auteurs du passé s'opposent, par leur prise de position, à une éducation citoyenne à l'école, tout comme ils s'opposent, sans le dire explicitement, à toute démocratisation, privilégiant des sujets d'étude à partir desquels seuls ceux qui disposent d'une culture familiale en résonance avec celle de l'école peuvent repérer les évolutions et faire le lien avec le présent. Ainsi, certains contenus pourraient être préférentiellement choisis, dans la perspective d'une meilleure compréhension des problèmes de société actuels. L'étude des flux migratoires sur de longues périodes historiques permettrait de montrer leur permanence, les différentes réponses politiques qui y ont été apportées, les types d'insertion ou d'exclusion de ces populations, en liaison avec des phénomènes économiques et sociaux. De même, en classe de première, les raisons qui conduisent à la béatification de Jeanne d'Arc, période au programme, ont pris de l'intérêt depuis quelques années. Permettre aux élèves de comprendre l'utilisation qui en est faite par les divers courants politiques actuels semble opportun.

Si les contenus peuvent être plus ou moins adaptés aux objectifs d'une éducation à la citoyenneté, les méthodes d'enseignement choisies font ou non passer de la connaissance à l'éducation. Communiquer des faits et les expliquer, proposer des analyses dans un cours magistral n'aura que peu ou pas d'effets en termes d'éducation, comme d'ailleurs en termes d'apprentissage scolaire, pour une majorité d'élèves. Sur ces questions fondamentales, ils doivent avoir accès à des sources d'information contradictoires, qui ne doivent pas être seulement livresques. Mener des enquêtes, y compris auprès des autres élèves, recueillir des témoignages, discuter avec des personnes engagées dans la vie sociale, apprendre à écouter des points de vue contradictoires, défendre son propre point de vue, sont des types d'activité mieux adaptée que le cours magistral.

Des propositions existent. Nous en retiendrons deux.

L'éducation aux droits de l'homme

En 1984, l'éducation aux droits de l'homme a constitué une des priorités du ministre Savary. De 1984 à 1987 – il y a donc plus de dix ans –, l'Institut national de la recherche pédagogique mena une recherche sur « l'éducation aux droits de l'homme ». Une centaine d'enseignants de toutes disciplines exerçant dans le primaire et le secondaire ont construit et réalisé dans leur classe des séquences pour éduquer aux droits de l'homme. Le texte d'orientation [1] de cette recherche lie étroitement éducation aux droits de l'homme et « définition d'une

---

1. Le texte d'orientation de cette recherche se situe dans une perspective transdisciplinaire et concerne tous les aspects de la vie dans l'école. Son auteur est Francine Best, qui était alors directeur de l'INRP.

nouvelle citoyenneté » orientée vers l'action de tous :
« C'est d'abord dans une citoyenneté vécue que l'école,
avec la famille, peut faire trouver les voies initiales d'une
conduite réfléchie et capable de maîtriser les réactions
spontanées, lesquelles ne sont pas forcément généreuses
et positives. » Le texte souligne l'importance des droits
de portée universelle, intrinsèquement liés au respect de
la personne humaine, respect de soi et des autres, ainsi
que la difficulté de les faire comprendre et intérioriser
en dehors d'une « pratique vécue » dans l'interaction
sociale. Le rapport de recherche comporte à la fois une
réflexion sur les droits de l'homme et leur évolution et
de nombreux exemples de séquences qui ont été pratiquées dans des classes de collège. Bien qu'un supplé-
ment aux programmes des collèges ait été rédigé à la suite
de cette recherche, l'éducation aux droits de l'homme
n'est pas passée dans les programmes avec la dynamique
qui l'accompagnait. L'affichage de la *Déclaration* est
devenu obligatoire dans les classes et tous les enfants la
lisent, la commentent, les collégiens et les lycéens la
reprennent, mais c'est le plus souvent un sujet parmi les
autres sujets abordés dans l'année.

L'initiation au droit

Un second exemple est celui de l'initiation au droit
prévue par les programmes de 1996 pour l'éducation
civique au collège. Les sujets d'étude proposés et
la démarche suggérée s'inspirent d'une recherche de
l'INRP[2] qui fait suite à l'éducation aux droits de
l'homme. Il s'agit, d'une part, d'introduire du droit dans

---

2. François AUDIGIER et Guy LAGELLÉE, *Éducation civique et initiation juridique dans les collèges*, rapport de recherche, INRP, Paris, 1989.

la formation des jeunes, non pas pour qu'ils apprennent le droit, mais pour qu'en étudiant certains aspects de la vie sociale ils comprennent l'importance du droit dans nos sociétés et sa double fonction. En effet, pour les élèves, le droit sert à punir, ils ne perçoivent pas sa fonction de régulateur de la vie sociale. C'est aussi familiariser les élèves avec la lecture de textes juridiques dont le vocabulaire fait souvent obstacle à la compréhension et qui inquiète bien des adultes, pourtant de plus en plus souvent obligés de remplir des documents, de comprendre leurs droits et obligations, de s'adresser à des services administratifs, alors qu'ils ignorent l'existence du droit administratif. Par ailleurs, «une démarche nouvelle est proposée: les programmes s'organisent autour de notions fondamentales – la personne humaine et le citoyen – selon une progression qui prend en considération l'âge et le niveau des élèves». Les élèves «prennent connaissance de quelques grands textes officiels, références constantes évoquées selon les sujets étudiés [...]. Le programme de la classe de sixième se construit à partir des droits et devoirs de la personne. Il se poursuit dans les classes de cinquième et de quatrième [...] autour des valeurs constitutives d'une société démocratique: l'égalité, la solidarité, la liberté, la sûreté et la justice [...]. La classe de troisième privilégiera les dimensions de la citoyenneté dans la République».

On notera que les textes des Déclarations ne sont plus étudiés pour eux-mêmes une fois dans l'année, mais servent de textes de référence lors d'études de cas à divers moments de l'année. Les textes retrouvent ainsi à l'école la fonction qui leur est assignée dans l'esprit de leurs auteurs. Dans les deux recherches, les exemples présentés s'inscrivent dans un cadre disciplinaire. Sans exclure le cours magistral, il est proposé aux élèves des travaux sur documents, des sorties, des rencontres avec des personnes extérieures à l'établissement, des enquêtes, des débats.

D'autres publications existent dans les CRDP ou chez les éditeurs[3] pour les enseignants ou pour les élèves. De telles pratiques laissent une large part à la réflexion personnelle des élèves sur leur propre rôle dans la société.

---

3. Marie-Agnès COMBESQUE (sous la dir. de), *Introduction aux droits de l'homme*, Syros, Paris, mars 1998.

VIII

CONSTRUIRE UNE IDENTITÉ COLLECTIVE

Actuellement, la relation dominante entre les individus d'une communauté scolaire, dans leurs activités de travail, est une relation verticale et hiérarchisée entre les adultes et entre les adultes et les élèves. Le professeur travaille seul face à une classe. Il vit dans un superbe isolement, certes confortable, car cela lui évite toute confrontation avec des collègues aussi compétents que lui, mais en revanche angoissant. Il doit en effet résoudre seul ses difficultés et il est même supposé ne pas en avoir. Le collègue de travail, celui à qui on demande aide, explication ou conseil, avec qui on parle de son travail, avec qui on réfléchit et qui est si utile et si rassurant dans toutes les autres professions, n'est pas prévu dans l'organisation de l'enseignement français. Pour les élèves, dans la majorité des cas, le travail s'organise selon un schéma individuel, entre celui qui sait, le professeur, et celui qui ne sait pas, l'élève. Sauf demande explicite du professeur, la collaboration entre élèves pour faire un devoir est assimilé au « copiage ». De la même façon, l'aide familiale, qui est pourtant sans cesse sollicitée, doit s'exercer en cachette et passer inaperçue. Le travail doit être personnel, comme lors des examens. Tout valorise donc l'individualisme.

Dans les écoles primaires, la classe se structure autour d'un professeur unique et d'une salle spécifique. Les enfants font partie d'une classe désignée par le nom du professeur. Cela ne suffit pas pour qu'ils se sentent membres du « groupe-classe » et concernés, à ce titre, par les autres, ni pour qu'ils aient l'impression d'être entourés de pairs avec qui il soit possible de travailler. Mais la difficulté est encore plus grande au collège et au lycée, où toutes les structures sont éclatées. Il y a pluralité d'intervenants adultes, de lieux et de groupes de travail par le jeu des options, des dédoublements, des orientations, des modules, des groupes de soutien, etc. D'heure en heure, d'année en année, les groupes changent pour les adultes comme pour les jeunes. Le plus souvent, le bâtiment, collège ou lycée, est le seul ancrage permanent, mais c'est une coquille vide de vie collective. Il y a juxtaposition d'individus, au mieux de petits groupes, qui s'approprient des espaces et des savoirs parcellisés et établissent des relations personnelles de sympathie le plus souvent en dehors de la sphère de travail.

Pour former à la citoyenneté dans l'école comme pour s'y former soi-même, un préalable pour le professeur comme pour l'élève est de se sentir membre de la communauté éducative à laquelle professeurs et élèves sont obligés d'appartenir pour un certain temps, sans l'avoir choisi.

Chaque école a, par ailleurs, ses caractéristiques propres liées aux lieux, aux individus, à l'environnement, à ses choix pédagogiques. L'ignorance, la méconnaissance plutôt, de ces réalités est un premier obstacle à une citoyenneté vécue dans l'école. Au contraire, permettre aux élèves et aux professeurs de les découvrir et de les analyser est un premier pas vers la connaissance de soi-même et de l'autre et vers son acceptation en accord avec les valeurs sous-jacentes aux droits de l'homme : reconnaissance et respect de chacun au nom de l'universalité de l'homme, respect de la liberté personnelle.

Le travail qu'il convient de mener peut s'orienter autour de trois pôles : l'appropriation des lieux par les élèves et les adultes, la connaissance des personnes et l'ouverture sur l'environnement proche de l'établissement.

S'approprier les lieux

Le degré d'appropriation des lieux donne un premier éclairage sur un établissement scolaire. Leur utilisation est le reflet des relations existant entre les membres de la communauté éducative et de leurs choix pédagogiques. Dans le fonctionnement de la majorité des écoles, sauf dans certaines écoles dites « expérimentales », l'espace scolaire échappe, de fait, à la majorité de ses utilisateurs potentiels.

Au fur et à mesure que les enfants grandissent, l'école devient de plus en plus un lieu de passage et de moins en moins un lieu de vie. À l'école maternelle, l'enfant apprend à s'approprier l'espace dans lequel il doit vivre six heures par jour. La classe comporte des espaces collectifs organisés en fonction des activités qui s'y déroulent. Les enfants participent à leur organisation et à leur rangement. Le coin repos ou lecture est parfois en libre accès. Chaque élève a son casier et son portemanteau dûment identifiés. Il n'y a pas d'estrade, pas de bureau ostensiblement isolé. Les parents pénètrent quotidiennement à l'intérieur de la classe. L'âge des enfants mais aussi et surtout les pratiques pédagogiques font que les espaces des enfants et des adultes s'entrecroisent.

L'école primaire, par comparaison, est un lieu fermé. Plus d'entrée des parents dans les classes, moins de convivialité, l'enfant transporte la plupart de ses livres et cahiers à la maison. Il dispose encore de sa classe, où peuvent s'afficher les travaux des élèves, mais les coins lecture, jeux, créativité ne sont maintenus que par une minorité de professeurs. Collégien, l'adolescent se déplace de classe en classe, rapatrie tous ses instruments de travail chez lui, transporte son manteau et son cartable de salle en salle, n'a plus de lieu où poser ses affaires. Le lycéen transporte lui aussi toutes ses affaires, y compris éventuellement son casque de moto pour lequel rien n'est prévu, comme si cet accessoire quotidien était un intrus à l'école.

Les enseignants du secondaire subissent plus ou moins les mêmes contraintes : pas de bureau personnel, un petit casier pour le courrier, un portemanteau en salle des professeurs pour tous ceux qui n'enseignent pas une discipline qui implique du matériel collectif comme les professeurs de physique, de biologie ou d'histoire-géographie. Les professeurs ne sont pas supposés travailler au lycée après leurs heures de cours, seuls ou avec des élèves, et chacun trouve normal d'investir dans des mètres carrés de bureau privé, d'acheter papier ou ordinateur personnel, photocopieuse, livres et revues pour travailler chez soi. C'est le prix à payer pour un travail à domicile, au caractère semi-libéral, mais c'est aussi la garantie de ne rencontrer ni les collègues ni les élèves sans rendez-vous préalable et d'être inaccessible en dehors des heures de cours.

Lorsque des jeunes Français vont à l'étranger, ils sont très frappés par la propreté et le confort des établissements dans lesquels ils suivent des cours. C'est que la plupart des établissements allemands, américains ou britanniques fonctionnent sur un autre mode et ne sont pas seulement des lieux de passage. Les élèves y effectuent la quasi-totalité de leur travail, le travail chez soi étant très réduit. Ils disposent souvent d'un casier ou d'une petite armoire où ils posent leurs affaires, c'est le fameux *locker* que l'on voit si souvent dans les films américains mettant en scène des adolescents. Ils disposent aussi d'espaces de convivialité et d'espaces de travail. Les lycées français, au contraire, ne sont pas organisés pour que professeurs ou élèves s'y installent, mais pour qu'ils viennent y faire cours ou y suivre des cours. Dans un lycée de la banlieue parisienne, inauguré en 1992, il n'est prévu aucun espace pour que les élèves puissent poser leurs affaires ou se réunir et seules deux minuscules pièces ont été ajoutées à la traditionnelle salle des professeurs pour recevoir les parents et placer un ordinateur.

Cela est en liaison directe avec la définition du temps de service des professeurs. Ils ne sont astreints à être présents au lycée que pendant leurs heures de cours. Au lycée surtout, le professeur a tendance à calquer son rôle sur le modèle universitaire en oubliant que des activités de recherche s'ajoutent, au moins théoriquement, aux obligations d'enseignement. La réalité de l'enseignement dans les lycées et collèges a fortement modifié ce schéma et une proportion importante de professeurs assume d'autres rôles sur la base d'un volontariat, rémunéré ou non, mais la profession se refuse à faire sauter le verrou réglementaire.

Il est vrai que cela oblige à une autre utilisation des espaces disponibles puisque, actuellement, l'espace est mis prioritairement à la disposition des disciplines. Les élèves n'ont qu'une initiative nulle ou fort réduite sur l'utilisation des espaces de travail qu'ils sont appelés à fréquenter, ce qui contribue à développer une attitude de consommateur désabusé et non concerné par l'esthétique et la propreté des lieux. Dans la classe, sous prétexte d'apprentissage et de discipline, l'élève n'a plus aucune liberté de mouvement et ne peut guère que « s'agiter » sur sa chaise. La géométrie du territoire scolaire est une géométrie de bataille rangée : d'un côté, l'estrade, le bureau, le tableau, le professeur ; de l'autre, les tables et les chaises bien alignées et les élèves. Le franchissement de la ligne symbolique est perçu par les élèves et parfois par les professeurs comme porteur d'ennuis. Les élèves craignent l'interrogation au tableau ou la prise de parole frontale et l'énonciation d'erreurs face à la classe. Le professeur craint aussi, s'il quitte son bureau, le chahut ou la perte de la parfaite cohérence de son discours en s'éloignant de ses notes.

Lorsque l'on passe dans les couloirs d'un établissement scolaire pendant les heures de cours, la vision la plus fréquente est celle du professeur assis à son bureau. La disposition est adaptée à une pédagogie de diffusion orale d'un contenu que les élèves écoutent et notent. Si l'apprentissage se fait selon d'autres méthodes, des déplacements ou des positions autres que la position assise, frontale, ne nuisent pas au travail et permettent de mieux adapter son comportement à la tâche à réaliser. La tradition est si forte en France et la contrainte est si bien intériorisée par les élèves qu'il est très difficile d'éduquer les jeunes à se déplacer dans la salle de classe, sans qu'ils se sentent contraints d'en demander l'autorisation. En seconde, ils hésitent encore à aller prendre l'atlas dont ils ont besoin sur la table du dernier utilisateur, à ouvrir une fenêtre s'ils ont trop chaud, ou à sortir discrètement s'ils doivent aller aux toilettes. L'école est sans doute le seul lieu où existent de telles contraintes.

Contrairement à la crainte de bien des professeurs, libérer les élèves de ces contraintes ne provoque pas d'incessants déplacements dans la classe. Une majorité d'élèves se comporte normalement. De temps à autre, quelques élèves profitent exagérément de la liberté qui leur a été donnée. C'est l'occasion de leur signaler les inconvénients de leur comportement pour eux et pour les autres et cela aussi c'est de l'éducation à la citoyenneté. Un bon cours peut être animé et bourdonnant d'activité. Ces deux expressions, symboles d'une vie et d'une activité intenses, choquent presque lorsqu'elles sont associées au mot cours ou classe ! L'autonomie donnée aux élèves est redoutée par les enseignants, qui craignent chahut et absence de travail, même si cette situation se vit tous les jours dans des cours prévus selon le schéma traditionnel. Un apprentissage est cependant nécessaire, car c'est inhabituel et, surtout, les rôles ne sont plus les mêmes. Le professeur doit fixer strictement les règles et les élèves doivent les accepter en toute connaissance de cause. L'organisation de l'espace de travail est le reflet du mode de fonctionnement. Une autre organisation spatiale facilite l'adoption d'autres méthodes pédagogiques qui permettent aux élèves de travailler ensemble ou de travailler de façon plus autonome. L'université de Paris-Dauphine, à ses débuts, a construit une partie de sa réputation sur le fait que les étudiants y étaient mieux encadrés, car l'enseignement s'y faisait en petits groupes. Étrangement, cela était dû au fait qu'elle occupait les anciens locaux de l'OTAN et que ceux-ci offraient plus de bureaux que d'amphithéâtres, contraignant donc à une autre organisation pédagogique.

Toute organisation du travail qui ne relève pas du cours magistral, avec contrôle individuel des acquis, est tellement marginale dans les lycées qu'il est impensable d'y affecter quelques salles où le mobilier serait installé de façon adéquate et où des étagères ou des armoires pourraient accueillir les livres, les documents nécessaires et les dossiers en cours de réalisation. Les salles ne sont pas organisées pour que l'on s'y s'installe pour travailler, mais pour que l'on s'y pose pour suivre un cours ou produire un devoir. Le centre de documentation et d'information est le seul lieu où les élèves puissent se rendre volontairement et où ils puissent s'installer relativement librement. Et le CDI est souvent plus respecté que les salles de classe, ce qui n'est sans doute pas un hasard.

En France, depuis mai 1968, l'élève, collégien ou lycéen, jouit d'une plus grande liberté dans les lieux périphériques, les couloirs, les cours. Deux espaces se jouxtent, celui des interclasses et des récréations, d'où l'adulte est quasi exclu, et celui du travail, où l'adulte règne dans les salles, d'ailleurs fermées à clef. Il n'y a pas d'appropriation par les élèves des espaces de travail et pas d'appropriation par les professeurs des espaces de détente, dont le contrôle est dévolu aux conseillers d'éducation et aux surveillants, comme si la fonction d'éducation au comportement ne relevait du professeur que dans les salles de cours. Une telle séparation n'existe pas dans les écoles élémentaires et maternelles. Cela s'explique plus par l'origine des statuts des uns et des autres que par une véritable réflexion sur les besoins éducatifs. De même que la disposition des tables et des chaises dans les salles de cours relève d'un souci de surveillance et de discipline et non pas d'éducation. Il suffirait que les adultes qui passent dans les cours et les couloirs saisissent l'occasion qui leur est ainsi donnée de rencontrer élèves et collègues et de bavarder avec eux. La cour de récréation est traversée trop rapidement par les adultes en évitant le bruit, les bousculades et les regards.

Certes, il n'y a plus d'escalier ou de cour d'honneur réservés aux professeurs, mais les attitudes des élèves et des adultes ne semblent pas avoir fondamentalement changé. Les adultes fuient les espaces réservés aux élèves et ceux-ci ne s'attendent pas à les y rencontrer. Les uns et les autres ont, bien sûr, droit à préserver «leurs niches» pour reprendre l'expression appliquée aux lycéens par François Dubet[1], mais il n'y a aucune raison pour que le « vivre ensemble » s'arrête au seuil des salles de cours. Le repli des professeurs dans une salle des professeurs, souvent interdite aux élèves, n'est pas satisfaisant. Les professeurs pourraient utiliser l'espace de la cour à la récréation lorsqu'ils le souhaitent. La même liberté d'utilisation des lieux pourrait s'appliquer aux salles à manger, à la salle des professeurs, aux quelques salles réservées aux élèves. Les interdits peuvent être remplacés par des rites d'entrée.

Élèves et professeurs apprendraient ainsi à vivre ensemble, dans un espace à usage collectif autre que la salle de cours. Pour les élèves, ce seraient autant d'occasions d'échanges avec des adultes qui ne sont pas leurs parents, une ouverture sur un monde adulte différent, une ouverture sur un autre milieu social. En rencontrant leurs élèves en dehors des salles de cours, les professeurs bénéficieraient des mêmes avantages. Eux aussi ont à connaître la personne qui est derrière l'élève. Comme dans le reste de la société, les extrêmes ne se croisent pas dans le système scolaire : le monde des lycées élitistes ignore celui des établissements dits sensibles. Mais, à son échelle, l'école peut se fixer comme objectif de tout faire pour que tous les membres d'une communauté éducative se rencontrent et se croisent le plus possible.

Les interdictions d'accès ou d'utilisation conduisent à des phénomènes d'exclusion. Leur utilité doit se justifier par des impératifs de sécurité ou de protection forts. La gestion de l'espace scolaire n'est pas anecdotique, car une éducation citoyenne ne peut pas s'inscrire dans un contexte où l'individu est totalement contraint par les conditions dans lesquelles se déroule son apprentissage. Le fait de ne pas se préoccuper de créer des occasions de

---

1. François DUBET, *Les Lycéens*, Le Seuil, Paris, 1991.

se saisir de l'espace de travail développe l'individualisme, l'indifférence et le mépris.

Le plaisir des yeux

Le sentiment d'appartenance passe aussi par le plaisir. Les lycéens mettent souvent l'accent sur le plaisir qu'il y a d'aller à l'école pour y rencontrer les copains. Ceux qui ont la chance d'avoir un établissement neuf y ajoutent le plaisir d'être dans un « beau » lycée. Trop d'établissements scolaires sont laids, pour ne pas dire vétustes. La laideur repousse les jeunes. Les vieilles écoles communales et les lycées du siècle dernier étaient plutôt en avance sur le confort moyen des habitations. Les collèges et lycées « Bender », plus souvent appelés « Pailleron », ont répondu aux besoins quantitatifs des années soixante mais au prix de l'insalubrité, de la laideur et de l'inconfort. Les préfabriqués, moyens provisoires de régler un problème de locaux ici ou là, durent. Surtout, cette situation de médiocrité n'est même pas présentée aux élèves comme anormale et comme un pis-aller, mais comme une solution qu'ils doivent accepter. Dans les années soixante-dix, des PAE (projet d'action éducative) prévoyaient l'embellissement des établissements par les élèves. C'était au moins reconnaître un besoin et leur ouvrir les portes du beau.

Toute éducation à la citoyenneté est fondée sur le respect de soi-même et des autres. Des écoles misérables et laides sont une marque de non-respect de la collectivité vis-à-vis de ses usagers. La laideur et l'inconfort encouragent les dégradations. Certes, il arrive aussi que des locaux neufs soient abîmés. Un bel immeuble d'habitation ne met pas non plus ses occupants à l'abri des cambriolages et des dégradations, mais leur rend la vie agréable, même si l'un d'entre eux est voleur ou « graffi-teur ». Il en est de même dans les établissements sco-laires. Néanmoins, les élèves, dans leur majorité, respectent et font respecter la propreté d'un établisse-ment attrayant dont ils sont fiers. Pas plus que les adultes dans la vie sociale et professionnelle, ils n'ont les moyens d'empêcher les dégradations, mais si celles-ci se portent sur un espace qu'ils apprécient, ils partagent le même sentiment de regret et de colère et ne se replient pas sur l'argument « de toute façon, vu comme c'est sale, un peu plus, un peu moins, qu'importe ». Les élèves d'un lycée de banlieue furent scandalisés lorsque des graffitis apparurent sur les beaux murs de leur lycée tout neuf qui remplaçait un lycée Pailleron. Les conseillères d'éducation réunirent les délégués des élèves, les profes-seurs furent invités à en parler avec leurs élèves, la salle de permanence où les dégradations avaient eu lieu fut momentanément fermée. Les élèves dirent leur colère, leur indignation ou leur compréhension à l'encontre des graffiteurs. Il ne s'agissait pas de faire la chasse aux cou-pables, d'ailleurs connus de certains, mais de souligner l'importance qu'ils attachaient à leur cadre de vie. Les graffitis disparurent... au moins pour un certain temps.

L'esthétique des lieux est d'autant plus importante que l'établissement scolaire est situé dans un quartier où les conditions de vie sont difficiles. On pourrait rêver de voir dans les classes ou dans les espaces de vie collective quelques jolis mobiliers. Le plus souvent, les efforts de décoration se limitent aux locaux administratifs.

Dans ce lieu de culture qu'est l'école, les murs sont muets, rien ne s'y affiche sauf des informations adminis-tratives, des placards d'interdiction et, plus récemment, dans quelques écoles, des affiches publicitaires, moyens de financer tel ou tel projet. Pourtant, lorsque des travaux d'élèves ou des documents s'affichent sur les murs des classes ou des couloirs, ils sont observés par les autres jeunes et assez rarement graffités, arrachés ou volés, surtout si l'habitude en est prise, et qu'il n'y a pas renoncement dès la première dégradation. Les travaux affichés sont davantage respectés si les noms des élèves ayant réalisé ces travaux sont marqués, et que chacun y participe à un moment ou à un autre. Au-delà de l'intérêt pédagogique de l'affichage pour celui qui le réalise – car afficher oblige à choisir, à classer et à présenter –, et pour celui qui le regarde – car il y apprend forcément quelque chose –, c'est un mode de communication entre pairs ou un moyen d'information complémentaire sur tel ou tel sujet étudié dans les cours. C'est aussi une participation à l'esthétique de l'établissement si s'affichent des travaux artistiques, murs décorés, fresques et graffitis, cette fois dans un espace prévu à cet effet.

Entrer en relation

Chaque rentrée scolaire est largement commentée par les journaux. Les parents et les élèves, plus rarement les enseignants, sont interrogés sur leurs impressions personnelles. Ce moment est donc ressenti par tous comme important. Que se passe-t-il au même moment dans l'école ?

Les journées de rentrée sont souvent organisées en fonction d'objectifs opérationnels. Il s'agit de mettre en place, le plus rapidement possible, les conditions requises pour que les cours puissent commencer. Pourtant, le mot « accueil » a pénétré depuis peu dans l'institution. On parle de l'accueil des professeurs lors des journées de prérentrée et de l'accueil des élèves.

Depuis les années soixante-dix, l'habitude est prise d'organiser, pour les futurs écoliers de cours préparatoire, de sixième et de seconde, une visite des lieux qu'ils auront à fréquenter à la rentrée. Cette visite intervient souvent dans les dernières semaines de l'année scolaire qui précède leur arrivée dans le nouveau cycle d'études. La visite du futur lieu de travail a pour objectif la reconnaissance des lieux : halls, couloirs, salles spécialisées, bâtiments, cours, centre de documentation et bibliothèque. Il est plus rare que ces futurs élèves puissent être reçus dans une salle où leurs aînés soient présents. La visite est très formelle, et souvent, au collège ou au lycée, les enseignants ne sont pas impliqués. Ils font cours ou sont absents. L'établissement d'accueil s'est ouvert l'espace d'un matin, mais ne s'est pas mobilisé pour accueillir ses futurs élèves. On pourrait rêver que les professeurs, les membres de l'administration, les élèves délégués de classe dans le secondaire et les parents élus aux divers conseils forment de petits groupes pour guider les nouveaux arrivants, leur présenter le projet d'établissement, les grandes lignes des orientations pédagogiques dans chaque discipline, les activités des clubs et les équipes sportives. Surtout, cette visite n'a pas aujourd'hui de suite et reste un moment ponctuel, simple reconnaissance de parcours pour familiariser l'élève avec sa future école.

Dans les lycées et les collèges, la rentrée est souvent échelonnée, mesure indispensable pour que les chefs d'établissement, les conseillers d'éducation et les professeurs principaux puissent s'acquitter de leur mission auprès de tous, élèves et professeurs. Parfois, un temps plus long est prévu pour l'accueil des élèves de seconde et de sixième.

Le temps consacré à ces accueils est à peu près le même : deux heures. La même atmosphère y règne. Le chef d'établissement et son adjoint président la réunion des professeurs, le professeur principal, celle des élèves de la classe dont il est responsable. Chacun donne les informations administratives, vérifie les présences et donne l'emploi du temps ainsi que les papiers à remplir.

C'est organisationnel, ce n'est pas accueillant. Certes, dans les lycées de mille élèves et plus, le grand nombre rend l'exercice difficile, mais la forme choisie répond à l'objectif poursuivi : informer et vérifier pour éviter les erreurs administratives et permettre aux cours de commencer. Un objectif bien limité.

Pour les professeurs, il arrive qu'un « pot » de rentrée introduise quelque convivialité. Cela améliore l'accueil social, mais n'apporte pas grand-chose sur le plan du travail. Peu de chefs d'établissement introduisent les nouveaux venus auprès de collègues engagés dans une action pluridisciplinaire ou dans l'animation d'un club. S'il y a un projet d'établissement, celui-ci ne leur est que rarement communiqué et il leur est plus rarement encore demandé d'y participer. Leur arrivée en salle des professeurs passe inaperçue et rares sont les collègues qui viennent saluer les nouveaux venus et s'enquérir de leurs fonctions, de leurs besoins ou de leurs compétences extradisciplinaires. Les professeurs stagiaires qui sont chargés de cours tout en suivant une formation dans les instituts de formation de maîtres (IUFM) se plaignent de cet isolement et ceux qui ont eu une autre expérience professionnelle sont stupéfaits par l'atmosphère d'anonymat et de découragement qui règne en salle des professeurs. Il faut dire que, passé la séance de prérentrée, le chef d'établissement ne se sent, le plus souvent, nullement responsable de ces nouveaux venus et ne les rencontrera que si leurs cours ne se déroulent pas normalement. Un professeur du secondaire peut passer toute une année en ne voyant ses collègues que lors des conseils de classe, s'il ne fréquente pas la salle des professeurs et s'il ne déjeune jamais au lycée.

La même situation est reportée sur les élèves. Il arrive que le projet d'établissement comporte l'organisation d'un accueil pour les nouveaux élèves. Une demi-journée ou une journée entière sont réservées à l'accueil des élèves

de seconde ou de sixième sous la houlette des professeurs principaux. Encore faut-il que l'adulte responsable
envisage autre chose que de vérifier les présences, de
dicter l'emploi du temps et de faire arpenter l'établissement le plus vite possible. Même si des membres de
l'équipe éducative ont participé à des formations où ils se
sont exercés à des techniques liées aux apports de l'analyse transactionnelle, il est difficile de mettre au point
avec d'autres collègues un temps de présentation mutuelle
des élèves et des professeurs[2]. Lorsque cela a lieu, les
élèves sont étonnés mais en général intéressés. Quant aux
enseignants, même s'ils se rallient à l'idée d'un accueil, ils
montrent souvent une très grande réticence à sortir de
leur rôle de transmetteurs de savoirs et à se présenter aux
élèves. Les élèves, quant à eux, obéissent et acceptent de
se mettre deux par deux, ce qui ne les dépayse pas. Si les
professeurs l'acceptent, des groupes comprennent un
élève et un professeur ou deux professeurs. « A » se présente à « B » et chacun répond aux questions fixées par
celui qui a préparé la séance de présentation. Les questions sont simples : qui suis-je ? Où ai-je travaillé l'an
dernier ? Ai-je des goûts ou des compétences particulières que j'aimerais faire partager ? Puis face à la classe,
A présente B et vice versa. C'est un exercice simple qui
crée une atmosphère de sympathie et de confiance entre
les professeurs et les élèves. L'effet en est toutefois limité
si ensuite importent seuls le bon déroulement des cours
et l'obtention de bonnes notes.

D'autres occasions doivent être proposées au cours de
l'année afin qu'il y ait des échanges entre les élèves, qui
complètent les occasions liées au travail strictement

---

2. Dans le numéro 324 des *Cahiers pédagogiques*, Simone SARFATI, sous
le titre « Idée pour septembre : une prérentrée réussie », décrit cet exercice
de présentation, mais entre les professeurs d'un collège, lors des journées
de prérentrée.

scolaire. La présentation d'une revue hebdomadaire des programmes de télévision est un bon moyen. L'objectif est à la fois formateur et convivial : un élève volontaire présente au début d'un cours sa sélection télévisuelle pour la semaine, éventuellement précédée par quelques minutes de discussion sur les émissions qui ont retenu l'attention la semaine précédente. Les sorties et les fêtes sont aussi des moments où les échanges sont facilités et plus personnalisés.

De plus en plus d'établissements remettent à leurs élèves des bulletins de rentrée qui comportent des plans et des informations sur les ressources de l'établissement : centre de documentation, clubs, médecine scolaire. Ce bulletin est rarement lu et étudié dans un cours et ne donne que rarement lieu à quelques exercices écrits. L'élève le glisse dans son sac et n'en voit pas l'utilité. Certains élèves ignorent, après un ou deux ans dans un établissement, où se trouvent le centre de documentation, le bureau de l'intendant, le secrétariat, etc. Ils ne connaissent pas les gens qui y travaillent ni quelle est leur activité. Ils n'ont fréquenté que leurs professeurs, les salles où ils avaient cours, le gymnase, le réfectoire et la cour.

Il est aisé d'imaginer des exercices sur les documents du bulletin de rentrée dans presque toutes les disciplines et à tous les niveaux : repérages, jeu de pistes, calculs d'échelles ou de distances, examens des rapports entre les divers espaces, description comparative avec l'établissement scolaire fréquenté l'an passé, critique de la lisibilité des documents et propositions de modifications ou de compléments, traduction en langage graphique de certains passages, aspects complémentaires, comparaison avec les livrets d'accueil d'établissements étrangers, surtout s'il existe des jumelages... Le sujet n'est pas au programme, mais ces exercices permettent des apprentissages qui font partie des objectifs de toutes les classes et peuvent être réalisés à divers moments de l'année, dans diverses disciplines.

Lorsque le bulletin de rentrée présente l'organigramme de l'établissement, il ne comporte le plus souvent aucun nom. Sans aller jusqu'à imiter les bulletins des écoles américaines, qui présentent la photographie des membres de l'équipe éducative, une liste des noms romprait l'anonymat. Les élèves doivent fournir à chacun de leurs enseignants un véritable résumé de leur état civil alors qu'ils sont maintenus dans l'ignorance de l'identité des adultes avec lesquels ils travaillent. Véronique, quinze ans, élève en seconde, section sciences médico-sociales, en témoigne : « Du côté de l'administration, je ne les connais pas. C'est pas si clair. La vie scolaire, on sait à quoi ça sert mais en fait on ne sait pas qui est le censeur[3]. » Les élèves ignorent parfois jusqu'à l'orthographe des noms de leurs propres professeurs, car rares sont ceux qui, lors du premier cours, écrivent leur nom au tableau. Enfin, l'identification des personnes serait fort utile pour les familles car la ville d'aujourd'hui ne permet pas de se connaître comme c'était le cas dans les villages ou dans les villes d'il y a cinquante ans ou plus. On pourrait même imaginer qu'en échange de leur propre numéro de téléphone les élèves reçoivent celui de leur professeur. Passé leur première surprise, tant c'est inhabituel en France, les élèves utilisent cette possibilité avec discernement et, d'expérience, n'en abusent pas. Certains téléphonent parfois pour obtenir confirmation d'informations données en classe et mal comprises. En quoi cela est-il inacceptable ?

Tout cela peut être repris et complété par l'utilisation intelligente de l'ordinateur. Pouvoir consulter une borne

---

3. Régine BOYER, Annick BOUNOURE et Monique DELCLAUX, *Paroles de lycéens*, Éditions universitaires, INRP, Paris, 1991.

informatique à tout moment, au CDI ou ailleurs dans l'école, y trouver des informations sur l'organisation de l'établissement et sur les activités qui s'y déroulent, des conseils pour travailler ou des programmes pour tester ses capacités, pouvoir lire la sélection hebdomadaire télévisuelle réalisée par d'autres élèves, etc., faciliterait les apprentissages. L'usage banalisé de l'informatique développe un désir d'échanges, d'information et de dialogue. Le constat actuel est en ce sens affligeant : l'élève n'a aucun intérêt scolaire à passer du temps à autre chose qu'à apprendre ses cours. Le professeur est surtout demandeur de compléments de formation dans sa discipline. Les relations avec l'extérieur relèvent de l'initiative personnelle de tel ou tel enseignant et n'impliquent en rien l'ensemble de la collectivité scolaire.

L'école et la ville, deux mondes qui ne devraient plus s'ignorer

« Aller plus sur le terrain au lieu de rester enfermé dans les salles », telle est la réponse d'un élève de première à la question : « Pensez-vous qu'il y ait un remède à l'ennui ? Si oui, lequel ? », question posée dans la consultation nationale des lycéens.

Les sorties lointaines sont compliquées à organiser et coûteuses, mais toute école est dans un environnement que les jeunes fréquentent, environnement urbain ou rural, riche ou pauvre de potentialités. Même l'établissement construit à la périphérie de tout tissu urbain, au milieu de « nulle part », est quelque part. À proximité, les élèves connaissent leurs lieux de vie, à travers leur expérience sociale, mais ne les observent pas de façon à y retrouver ce qu'ils étudient à l'école. La réciproque est vraie : ce qu'ils étudient à l'école ne s'illustre pas spontanément par ce qui les entoure. Faire le lien entre les apprentissages scolaires, qui restent assez théoriques et forcément en dehors du vécu de chacun, et les pratiques sociales ne relève pour personne d'une démarche spontanée. Les professeurs doivent faire un effort de réflexion pour articuler les pratiques sociales des élèves avec les savoirs disciplinaires.

Les professeurs, souvent, ne sont pas originaires de la commune où ils enseignent et n'y résident pas. Ils connaissent moins bien les lieux que leurs élèves et ignorent tout du contexte géographique, culturel et social de l'établissement dans lequel ils exercent. Tout lieu est porteur d'illustrations de notions scientifiques, historiques, géographiques, sociologiques, juridiques qui s'étudient à l'école. Il s'y déroule des activités diverses que présentent les journaux municipaux et les centres de documentation reçoivent ces informations. On pourrait imaginer que pendant les journées de prérentrée, journées durant lesquelles, dans bien des établissements, il ne se passe rien d'intéressant, au dire des enseignants eux-mêmes, la documentaliste présente le contexte culturel, économique et social du secteur scolaire et des secteurs voisins. Au-delà de cette journée, comme le propose un animateur de l'association «Droit de cité», il faut «que le prof accompagne ses élèves dans le quartier, qu'il s'intéresse à leur environnement. Qu'il dise à son élève : tiens, c'est toi qui va m'initier, qui va m'intégrer à ton quartier ! Il faut faire tomber ce mur symbolique entre l'intérieur et l'extérieur[4]».

Seuls les professeurs peuvent aider les élèves à décrypter leur environnement et à le situer dans une perspective plus large où les choses prennent un sens. En même temps, cette approche permet aux élèves d'acquérir un

---

4. *Le Monde de l'éducation*, n° 254, décembre 1997, «La violence vue des quartiers».

savoir à partir de choses connues et de participer à leur étude en présentant les lieux et les organisations qu'ils fréquentent en dehors du lycée. Les classes des écoles élémentaires fréquentent les cinémas, les théâtres, les parcs, les lieux d'exposition de façon assez régulière. Les programmes de l'école élémentaire et du collège y font explicitement allusion. Le programme de sixième des sciences de la vie et de la terre stipule : « L'environnement proche du collège permet un contact direct avec le concret et fournit des supports et objets pour les activités de classe. » En éducation civique, la troisième partie du programme traite de « la responsabilité vis-à-vis du cadre de vie et de l'environnement » et propose de focaliser les séquences sur les territoires proches du collège. Ce type de sujets d'étude tend à disparaître au lycée, où les connaissances ne s'acquièrent plus que dans les livres ou dans les cours, au nom d'une obligation d'abstraction nécessaire. Le fait que le sujet soit au programme ne conduit pas forcément à une approche porteuse de formation à la citoyenneté sociale et bien des sujets qui ne portent pas sur l'environnement immédiat peuvent y trouver des illustrations.

Ainsi, pour traiter du programme de sixième, le professeur peut faire un cours d'éducation civique en trois parties, reprenant les propos d'un manuel scolaire :

1. les espaces verts ;
2. les enjeux et les coûts ;
3. les déséquilibres écologiques.

Un résumé est dicté et appris. L'aspect « responsabilité », pourtant prévu par le programme, est complètement gommé et le sujet a perdu tout intérêt autre que scolaire. L'élève ne travaille en toute logique que pour la note. Il ne fera le lien avec son cadre de vie ou les comportements qu'il observe ou qui sont les siens que s'il reprend le sujet dans des conversations familiales, ce qui construit et renforce les inégalités socioculturelles. Une autre méthode consiste à focaliser l'étude sur l'environnement du collège, si possible en interdisciplinarité : recenser les espaces verts, les cartographier, caractériser leur fonction économique et sociale en géographie, en étudier la faune, la flore, la préservation en sciences de la vie et de la terre, les dater et en retracer la genèse et l'évolution en histoire, en étudier l'esthétique ou la fonction mythique en français ou en arts plastiques...

Ce n'est pas céder à la facilité ni appauvrir les savoirs, mais cela oblige le professeur à travailler tout autrement. Il a besoin de ses collègues, de personnes extérieures qui connaissent ces espaces et qui les gèrent, responsables municipaux, forestiers, jardiniers, gardes forestiers ou gardiens de squares, services de la préfecture ou de la mairie... Pour les élèves, la démarche intellectuelle qui, partant d'une réalité observable, la questionne est tout aussi riche, sinon plus, que celle qui consiste à écouter un cours et à noter un résumé.

Une sortie sur le terrain renforce l'intérêt des élèves et les apprentissages et peut s'organiser sur un temps court à proximité de l'établissement. Des élèves de seconde d'un lycée de proche banlieue parisienne, qui avaient effectué plusieurs visites de lieux prestigieux à Paris et une sortie à pied à proximité de leur lycée, classaient la sortie dans leur propre ville comme étant la plus intéressante de l'année, justifiant leur choix par « on connaissait, mais on ne savait pas ce que c'était ». Leur lieu de rendez-vous pour les compétitions de vitesse en planche à roulettes était devenu le versant de la vallée de la Marne, les petites maisons à jardin, les pavillons des années trente construits dans le cadre de la loi Loucheur, les HLM ou la cité, les immeubles-barres, habitations à loyer modéré, construites sur financement public, ayant permis la disparition des bidonvilles des années cinquante et étant liées à l'expansion de la région parisienne

155

des années soixante, etc. Cela remplaçait, en partie, un cours sur l'aménagement des milieux urbains, au programme des classes de seconde, que les élèves complétaient par la lecture de leur livre où ils retrouvaient certaines de ces notions abstraites, illustrées par d'autres exemples.

Paradoxalement, les sorties sont plus fréquentes en primaire qu'en secondaire, où les élèves sont pourtant plus autonomes. On le justifie souvent par l'argument qui consiste à penser qu'au cours des sorties on observe du concret et qu'en classe les apprentissages sont abstraits. Certes, dans l'exemple ci-dessus, l'espace urbain est parcouru et vu au cours de la sortie, mais ce qui est formulé à son sujet est forcément de nature abstraite. Entre des enfants de classe maternelle, des jeunes de classe de seconde et des étudiants ou des spécialistes, seuls diffèrent le niveau de questionnement et le type de questions, mais l'activité intellectuelle reste la même. La vraie raison est qu'au collège et au lycée on verse dans l'encyclopédisme et que la technique du cours magistral est effectivement le meilleur moyen de transmettre beaucoup de connaissances.

La non-prise en compte du cadre de vie des lycéens par les savoirs scolaires limite leur appropriation de l'espace dans lequel ils vivent. Il serait important que les jeunes lycéens soient impliqués au cours de leur scolarité dans des projets qui les conduisent à dialoguer avec les responsables des chambres de métier ou de commerce, des services municipaux ou fiscaux, des entreprises locales, des associations... Un projet qui conduit l'élève à rencontrer des responsables locaux à l'école ou ailleurs contribue à la connaissance des lieux et des gens. La participation de classes ou d'élèves à des activités culturelles ou sportives locales permet de connaître les gens qui y travaillent, leurs projets et leurs difficultés, et d'observer des comportements autres que ceux de la famille et de l'école.

Dans *Paroles de lycéens*[5], les auteurs soulignent à quel point une « exploration spatiale et culturelle » élargie est liée au fait d'être un garçon, scolarisé en cycle long et appartenant à une famille de classe moyenne ou supérieure. Cette donnée s'accompagne d'une forte sociabilité et d'activités extra-scolaires manuelles ou artistiques. Les jeunes filles ou les jeunes issus de milieux moins favorisés socialement ont une maîtrise de l'espace beaucoup plus limitée. Inclure l'école dans la cité, c'est à la fois intéresser les élèves, donner du sens aux apprentissages scolaires, lutter contre les inégalités scolaires, mais aussi créer l'occasion pour les élèves de connaître leur lieu de vie et de participer à diverses activités. L'un des objectifs de l'école devrait être de permettre à tous les jeunes d'accéder à une bonne maîtrise des espaces sociaux. Cela participe à la vie collective et au respect des lieux et des hommes.

---

5. *Op. cit.*

IX

DES PROJETS ADAPTÉS À L'HÉTÉROGÉNÉITÉ DES ÉLÈVES

Depuis les années quatre-vingt-dix, le terme de « projet » est utilisé dans l'Éducation nationale pour désigner la stratégie que se propose de suivre un établissement scolaire ou un élève pour réussir le mieux possible compte tenu des données de départ et des objectifs poursuivis. Cette révolution dans l'institution intéresse notre propos, car si ces projets voient le jour, ils obligent les professeurs et les élèves à se connaître et à se parler, les professeurs à travailler ensemble et avec les membres de l'équipe éducative, en particulier avec le chef d'établissement. Le collège ou le lycée ne peuvent plus être des lieux de passage où l'élève suit des cours et où le professeur, isolé dans sa salle, fait seulement cours. Sans être le seul élément nécessaire, l'existence dans un établissement d'un réel projet favorise une éducation à la citoyenneté en amplifiant ou en créant l'occasion de rencontres, d'échanges. Il oblige à constituer des équipes d'enseignants et à recourir à des méthodes pédagogiques plus orientées vers les élèves et plus actives. En effet, si

159

l'objectif est de conserver le cours magistral et de favoriser les meilleurs élèves, il suffit de ne pas élaborer de projet et de conserver un fonctionnement hérité du passé. Ce qui est le cas de nombreux établissements dix ans après le lancement des projets d'établissement.

Le projet d'établissement

Le projet d'établissement est né avec la loi d'orientation de 1989 et la rénovation des collèges des années quatre-vingt. Il se situe dans l'optique de la décentralisation et de la dualité de pouvoir sur les établissements secondaires de l'État et de la région ou du département, ainsi que dans une perspective de désectorisation permettant aux parents et aux jeunes de choisir leur établissement.

C'est aussi une réponse à la transformation des lycées. En 1991, deux cent soixante-dix mille lycéens supplémentaires étaient prévus pour l'an 2000. La demande sociale d'éducation fait que plus de 90 % des jeunes sont actuellement scolarisés au-delà de dix-sept ans. Le lycée ne peut plus sanctionner les mauvais résultats scolaires par le renvoi. Il faut donc en analyser les causes et apporter des réponses par le biais d'un projet éducatif spécifique à l'établissement : « Un des problèmes majeurs posés à chaque établissement scolaire consiste à respecter les objectifs nationaux tout en prenant en considération les élèves accueillis dans leur diversité d'origine sociale, de culture, de niveau et de qualités personnelles [1]. »

Le projet d'établissement établit forcément des liens entre les membres de la communauté scolaire. Le texte officiel donne aux enseignants « le rôle [...] de définir,

---

1. *Bulletin officiel* spécial, n° 9, 3 octobre 1991.

avec le chef d'établissement et ses collaborateurs, en particulier les conseillers d'éducation un projet pédagogique » et de « le placer dans un cadre large englobant les relations avec l'environnement socioculturel et économique, mais aussi les rythmes scolaires, les conditions de vie dans l'établissement et enfin les activités périscolaires et complémentaires de l'école. Ces éléments s'ajoutent au projet pédagogique pour constituer le projet d'établissement ».

Le projet d'établissement conduit donc à une collaboration importante de tous les membres de la communauté éducative autour du chef d'établissement, dont le rôle est fondamental. Il donne au lycée ou au collège une spécificité propre. Si un tel projet existe, il se situe dans la sphère du « nous » élèves et du « nous » professeurs et conseillers d'éducation, dans une dynamique interactive créant des relations horizontales entre tous les membres de la communauté éducative.

Tous les établissements secondaires sont tenus d'avoir un projet que le chef d'établissement est tenu d'envoyer au rectorat, qui en tient compte pour affecter ou non des moyens supplémentaires à l'établissement. Ces projets existent sur le papier, mais la réalité sur le terrain est plus aléatoire, car c'est tout le fonctionnement traditionnel de l'enseignement secondaire qui est remis en cause.

Souvent, l'idée de projet est refusée, car il y a la crainte de voir disparaître les contenus prescrits par les programmes. Pourtant, tout projet correctement conçu conduira les élèves et les professeurs à réfléchir, lire, s'exprimer, imaginer, créer, identifier, compter, expérimenter, présenter, observer... et toutes ces activités obligent à mobiliser les connaissances, y compris et préférentiellement celles imposées par les programmes. Les recherches menées pour évaluer l'effet du projet d'établissement montrent que, toutes choses égales par ailleurs, les élèves scolarisés dans des établissements ayant un projet solide réussissent mieux leur scolarité : « Socialisation et instruction vont de pair, s'enrichissent mutuellement par la médiation de l'éducation[2]. » Cela ne suffit pas à convaincre les tenants d'un enseignement exclusivement disciplinaire.

D'autres professeurs rejettent le projet au nom de leur liberté pédagogique, n'acceptant que la contrainte des contenus disciplinaires, seule garante à leur yeux du maintien du « même niveau » pour tous. Ils refusent toute prise en compte des différences entre les élèves. Considérer l'élève comme une personne et commencer par le faire travailler selon ses possibilités pour le faire progresser, c'est passer de la noble fonction de professeur à celle d'animateur ou d'éducateur. Ils oublient que cette fallacieuse égalité face aux savoirs fabrique de l'exclusion : « Quand tu rentres chez toi avec sept frères, que tu bouffes des nèfles et que t'as pas de quoi t'acheter un cahier, t'as beau être dans la même classe, la différence elle est là. Même si on dit que l'école laïque zappe toutes les différences », dit un animateur de quartier interviewé par *Le Monde de l'éducation*.

Il est certain que le passage d'établissements dispensateurs d'un savoir fixé par les programmes et se régulant par l'éviction des élèves à des établissements ayant un projet orienté vers la réussite du plus grand nombre possible d'élèves sans renoncer à un enseignement de qualité change la nature des relations entre les élèves et les professeurs, mais aussi entre les membres de la communauté éducative. Le professeur est obligé de s'impliquer dans des groupes de travail disciplinaires et transdisciplinaires, construisant un nouveau tissu rela-

---

2. Robert BAILLON, *Le Lycée, une cité à construire*, Hachette, Paris, 1993.

tionnel dans l'établissement. Le chef d'établissement est la clef de voûte du projet et le responsable de son application. Selon François Dubet, « la cohésion de l'équipe enseignante semble aussi être un facteur de succès[3] », même si ce n'est qu'un élément parmi d'autres et si d'autres paramètres interviennent dans la réussite scolaire. Accepter de participer au projet d'établissement implique une approche positive des élèves. La mobilisation des enseignants et de l'équipe de direction joue ici un rôle fondamental ; sans la participation de cette dernière, rien ne se fera de façon satisfaisante et les initiatives se limiteront à quelques classes et à quelques professeurs.

Du côté des « apprenants », la motivation est grande, car la démarche collective modifie les rapports qu'ils entretiennent avec leurs enseignants. Les projets les plus porteurs pour développer le sentiment d'appartenance sont ceux qui se centrent sur la personne de l'élève, sur son cadre de vie ; c'est dans le concret de ces actions que le jeune peut découvrir ce que recouvre la notion de citoyenneté sociale.

Dans le numéro 354 des *Cahiers pédagogiques*, un proviseur adjoint, ancien conseiller d'éducation, montre « comment un lycée se transforme... » grâce à un projet d'établissement. Le projet a été élaboré en 1993-1994 à la suite de huit réunions tenues le matin, à huit heures, auxquelles ont participé trente à quarante personnes. Une enquête a été menée auprès des élèves sur « ce qu'ils pensaient de leur lycée dans le domaine du travail, de la vie quotidienne et des relations ». Les élèves furent ensuite régulièrement consultés car, dit l'auteur de l'article, « il nous a semblé important [...] d'écouter ceux

---

3. François DUBET, « Les promesses de changement sont dans le "micro" », *Cahier pédagogiques*, n° 354, mai 1997.

pour qui nous agissions ». Appliqué à la rentrée 1994, le projet fut sans cesse remanié et adapté et le suivi assuré par des comptes rendus écrits. À la rentrée 1996, le projet s'intitulait « Les jeunes à la conquête d'eux-mêmes ». L'organisation de l'enseignement a changé, abandonnant les classes de niveau au profit de groupes de besoin et d'intérêt. Le tutorat s'est développé pour réfléchir ensemble et partager « le même désarroi. Dans cette relation, il n'y a pas celui qui sait et l'autre qui ne sait pas ». L'absentéisme et les exclusions de cours ont diminué, les résultats aux examens se sont améliorés. « Soixante pour cent des élèves pensent qu'on se respecte [...]. Bien des élèves ont évolué dans leur manière d'être sans aplanir complètement les difficultés scolaires. » La volonté et l'investissement personnel du proviseur adjoint percent derrière tout cela.

Dans bien des lycées et des collèges où il n'y a pas de réel projet d'établissement, des enseignants forment des équipes qui travaillent sur une ou deux classes. Cela suffit à améliorer de façon sensible l'atmosphère dans ces classes et facilite les progrès des élèves, mais cela reste ponctuel et provisoire, car en porte à faux avec le fonctionnement du lycée et parfois embarrassant pour les enseignants qui se démarquent de leurs collègues et pour les élèves brusquement ramenés l'année suivante à d'autres conditions de travail. L'introduction d'une éducation à la citoyenneté dans les collèges et les lycées ne peut avoir quelque efficacité que si elle s'inscrit dans le long terme et dans des structures qui la rendent praticable. Les projets d'établissement offrent l'occasion de définir les priorités éducatives. D'ailleurs, les « meilleurs » lycées, tous des lycées élitistes, ont un projet d'établissement, explicite ou implicite [4].

---

4. « Une tradition séculaire d'excellence, le projet d'établissement du lycée Louis-le-Grand », *Cahiers pédagogiques*, n° 354, mai 1997.

Le projet de l'élève

« L'élève élabore son projet d'orientation scolaire et professionnelle avec l'aide de l'établissement et de la communauté éducative, notamment des enseignants et des conseillers d'orientation qui en facilitent la réalisation tant en cours de scolarité qu'à l'issue de celle-ci. » Tel est l'article 8 de la loi d'orientation de 1986.

Dix ans après, peu d'enseignants pourraient répondre à la question : « Qu'est-ce que le projet de l'élève ? » L'idée d'un projet pour l'élève est liée, comme le projet d'établissement, à la volonté de prendre en compte l'hétérogénéité des élèves. De même que, dans beaucoup d'établissements, on refuse de définir et d'appliquer un véritable projet d'établissement, on ignore les buts assignés au projet de l'élève. L'expression est généralement utilisée lors des conseils de classe pour s'enquérir du projet de l'élève, soit auprès de l'intéressé s'il est présent, soit auprès du professeur principal ou de la conseillère d'orientation. La question est le plus souvent posée avec insistance aux élèves en difficulté scolaire, ceux qui précisément ont renoncé à réussir. Avec une certaine hypocrisie, on se sert du projet de l'élève pour l'orienter au mieux des intérêts de l'institution qui a, elle, un projet précis : permettre aux jeunes en difficulté de suivre des cours « quelque part » mais, si possible, dans un autre établissement. Pour les élèves qui ont des résultats jugés en conformité avec leurs souhaits d'orientation, le projet importe peu. Certains élèves ont un projet précis, mais le mettre en avant ne sert à rien si les notes obtenues ne correspondent pas aux critères retenus pour accéder à la section *ad hoc*. Il incombera aux familles de refuser de se soumettre aux décisions du conseil et d'user de leurs droits. Les procédures d'appel ou de refus, pour justifiées qu'elles soient, renforcent les différences socioculturelles car seules les familles bien informées et capables d'user de leurs droits obtiendront satisfaction.

Pourtant, aider chaque élève à formuler son projet et à l'atteindre constituerait un apprentissage à gérer son propre avenir en prenant conscience de ses possibilités et de ses limites. Le projet de l'élève dans le cadre de l'école n'a pas à être un projet professionnel. À treize ans, ou même à vingt ans, il est difficile de se fixer sur une profession et les parcours des adultes sont de moins en moins linéaires. Le projet se doit d'être tout d'abord un projet scolaire. Avec un grand bon sens, les élèves répondent souvent au professeur principal qui les interroge : « Ça dépend si ça marche ou pas. » Sous-entendu : « Si je suis "bon", pas de problème, sinon que puis-je y faire ? » L'élève s'enferme dans une situation de non-participation et de non-responsabilité. Il intériorise complètement le fait que le conseil de classe et ses notes vont décider pour lui. Cela s'observe surtout parmi les jeunes issus de milieux défavorisés. Mohammed Cherkaoui, après avoir mené des enquêtes sur les facteurs de réussite scolaire dans divers pays européens, arrive à la conclusion que l'un des facteurs déterminants est l'attitude face aux événements. Les gagnants sont ceux qui croient en leurs possibilités de modifier leurs résultats et leur environnement. Ils sont issus de milieux favorisés. Les perdants sont ceux qui se résignent et ne pensent pas avoir de prise sur leur avenir. Ils sont issus de milieux où les difficultés de la vie quotidienne sont telles que l'espoir de réussir à modifier les données de la vie n'existe plus ou n'a jamais existé. Les enseignants le perçoivent plus ou moins. Ils se plaignent de l'arrogance des parents des enfants de milieux favorisés et du fait qu'ils soutiennent leurs enfants et combattent le système lorsque celui-ci ne leur propose pas ce qu'ils souhaitent. Les parents d'origine modeste acceptent plus volontiers les orientations non souhaitées et en rendent responsables le jeune, qui en est pourtant la première victime.

L'idée de projet est porteuse de citoyenneté en ce sens qu'elle implique la responsabilité à la fois de l'élève et du corps enseignant. Quel projet proposer à l'élève ? Celui de réussir sa vie de lycéen ou de collégien non pas à travers les seules notes, mais en ayant confiance en lui et en ses capacités à mener à bien diverses activités, dont les activités scolaires, et l'amener à contrôler sa propre scolarité. Pour cela, il ne suffit pas de prendre rendez-vous chez la conseillère d'orientation ou de parler au professeur principal pendant une demi-heure à la fin d'un cours avant le conseil de classe. Il faut qu'un véritable partenariat s'établisse autour de l'élève pour qu'il sente que tout est fait pour l'aider à se reprendre et à réussir. C'est dans cet esprit que le tutorat avait été institué. Le tuteur était une personne avec laquelle l'élève pouvait parler en confiance de ses réussites, de ses difficultés, et des actions qui pouvaient être tentées pour changer le cours des événements. Mener à bien son projet d'élève, c'est apprendre à se prendre en charge. Il est contradictoire de demander aux élèves d'avoir et de gérer un projet si, par ailleurs, ils ne font qu'assister à des cours magistraux qui engendrent soumission à la parole du maître et à son jugement.

La notation telle qu'elle se pratique dans une majorité de cas, sans que l'élève soit informé des critères de réussite et sans qu'il puisse juger de la conformité de ses travaux avec ces critères, rend encore plus artificielle l'idée d'un projet voulu par l'élève. Le plus important dans la vie de l'élève, ce sont effectivement ses notes. Elles déterminent ses bonheurs et ses angoisses, sa place dans l'institution et le regard des autres. C'est aussi la seule chose qu'on lui « donne » en dehors des devoirs et des cours. Mais le don lui apparaît comme totalement arbitraire, car les critères d'évaluation sont occultés. Le discours des élèves entre eux est révélateur; nous entendons rarement: «J'ai appris ou compris telle chose...» Mais plutôt: «J'ai encore eu un quatorze, j'ai eu de la chance.» Ou: «J'ai encore été sacqué[5]...» L'élève ne sait pas pourquoi il a une bonne note, mais peu lui importe, encore que cela le conduise à vivre inquiet puisqu'il ne sait pas ce qui doit être reproduit pour conserver cette bonne note ou l'augmenter. La mauvaise note, surtout si l'élève a travaillé, est déroutante. Elle s'accompagne de commentaires le plus souvent inutilisables tels que: «hors sujet», «pas assez développé», «expression maladroite»... Tenu dans l'ignorance des critères de réussite, l'élève ne connaît ni ses points forts ni ses points faibles et se trouve doublement déresponsabilisé. Le professeur ne lui donne aucun moyen de se saisir des exigences nécessaires pour améliorer ses résultats.

Guider l'élève dans l'élaboration d'un projet implique que ses notes s'accompagnent de fiches d'objectifs précis à atteindre pour qu'il puisse cerner ce dont il est capable. La pratique de l'auto-évaluation lui permet de comprendre ce qu'est une note et renforce sa participation. En comparant son travail au modèle professoral, il évalue lui-même les convergences et les divergences et, étant l'auteur des réponses, il peut mieux que quiconque comprendre pourquoi il a effectué un travail non conforme aux attentes. Il peut poser des questions à propos des divergences qu'il constate. Les corrections de devoirs sont souvent beaucoup trop rapides et trop magistrales pour que l'élève ait le temps de confronter sa version à celle qui fait référence. Le plus souvent, le professeur corrige oralement en écrivant au tableau. L'élève

---

5. Bernard SCHNORING, «Pour une notation partagée», *Cahiers pédagogiques*, n° 324, *Une personne: l'élève.*

ne peut que se soumettre sans avoir le temps de construire une argumentation s'il est en désaccord.

Il en va tout autrement si la correction est présentée par écrit par le professeur au moyen d'un rétroprojecteur, et si chaque élève peut la lire à son rythme et comparer ses réponses à celles du modèle. Souvent les élèves ne contestent pas la réponse apportée par le professeur, mais considèrent que la leur est aussi bonne. S'ils peuvent s'en expliquer, lire leur réponse et l'offrir au regard du professeur et des autres élèves, ils comprennent leurs divergences. Celles-ci ne sont d'ailleurs pas toujours à sanctionner. Elles sont souvent dues à une autre interprétation de la question. Du point de vue du professeur, l'élève « n'a pas compris » ; du point de vue de l'élève, « c'était mal dit ». Le professeur peut refuser les points ou les attribuer partiellement ou totalement s'il reconnaît l'interprétation comme valable. Un petit peu de participation et d'éducation à la responsabilité s'est ainsi construit au-delà des avantages plus directement pédagogiques. Si de telles occasions de discussion n'existent pas, le dialogue à mener pour élaborer un projet est impossible.

Le projet n'a de sens que si l'élève travaille souvent en jouissant d'une certaine autonomie qui lui permet de s'exercer à la prise de responsabilité et de prendre confiance en lui. On pourra alors rechercher avec lui la meilleure solution actuellement possible, en sachant que le parcours scolaire est semé d'embûches et qu'il se heurtera à une sélection à partir de ses résultats scolaires et sur des *numerus clausus*, sans lien avec ses qualités personnelles ou ses goûts. Il est nécessaire de lui ouvrir en quelque sorte les yeux sur le monde, mais en l'aidant à ne rien accepter de tout cela.

Les clubs scolaires

Les clubs qui existent dans chaque établissement sont des structures où les élèves sont les premiers responsables de ce qui se fait et où ils peuvent faire preuve d'autonomie. Leur existence est officielle mais assez confidentielle et ils ne sont que rarement intégrés à la vie de l'établissement. Les clubs s'organisent au sein du foyer socio-éducatif et proposent diverses activités parascolaires. Le foyer dispose d'un budget dont la responsabilité incombe aux élèves sous la tutelle d'un conseiller d'éducation ou du chef d'établissement. Aux clubs s'ajoute souvent une cafétéria. Une assemblée annuelle réunissant les responsables du foyer et les responsables des clubs définit les actions retenues et leur affecte un budget. Dans les lycées, les maisons de lycéens ont parfois englobé le foyer socio-éducatif.

Les activités des clubs s'organisent sur la base des goûts et des sensibilités de chacun et du volontariat. Elles se situent en dehors ou à la périphérie des savoirs scolaires et s'ouvrent au monde extérieur. D'un certain point de vue, les clubs sont au cœur d'une éducation à la citoyenneté dans l'école. Leur hiérarchie n'est qu'organisationnelle. Il faut un responsable mais celui-ci n'a pas plus de compétences que les autres membres et, pour bien des activités, les élèves sont plus efficaces que le professeur. La réussite se mesure sans note mais à l'aune de la satisfaction de chacun ou du regard des autres : parents venus voir une exposition ou membres d'une association extérieure à l'établissement avec lesquels on a travaillé. Toutes les initiatives sont possibles. On y apprend à téléphoner, à écrire, à chercher des fonds, à prendre la parole, à recevoir des intervenants extérieurs, à poser des questions, à remercier, à afficher, à décider, à surveiller...

Les solutions aux problèmes sont trouvées par tâtonnement et ne débouchent parfois que sur des pis-aller ou sur des échecs. Il faut composer avec les comportements des autres. En dépassant le cadre des classes, les clubs font travailler sur un même projet des élèves d'âges différents et leur permet de se rencontrer et de se connaître. Les quelques élèves qui y participent y trouvent une occasion de se valoriser. Bien des clubs sont engagés dans des actions de solidarité, telles que des actions de construction d'école, de centre de soins, d'apport de matériel scolaire dans les pays africains ou dans des pays comme la Bosnie. D'autres travaillent avec des associations telles qu'ATD Quart Monde ou la Ligue des droits de l'homme. Des clubs théâtre, photo, informatique, art ou musique donnent l'occasion aux élèves de pratiquer des activités qui ne figurent pas ou figurent peu dans les programmes scolaires.

Pourtant, les clubs ne fonctionnent que difficilement et ont du mal à perdurer. Les clubs que l'on rencontre le plus fréquemment et qui fonctionnent le mieux sont ceux qui se rattachent à une discipline. Il en est ainsi des clubs théâtre, des chorales, des orchestres. La prégnance des disciplines est telle que, bien souvent, les adultes qui s'impliquent dans un club sont des enseignants dont la discipline recoupe, par certains aspects, les activités ou les préoccupations du club. Les clubs nature ou santé sont animés par des professeurs de sciences de la vie et de la nature ; les clubs UNESCO [6], surtout orientés vers les aspects culturels, éducatifs et de développement, par les professeurs d'histoire-géographie ; le club théâtre par le professeur de français ; les documentalistes animent les clubs de lecture ou de presse, souvent avec les professeurs

---

6. Le numéro 340 des *Cahiers pédagogiques* présente deux exemples d'actions menées dans des clubs UNESCO, l'un au collège, l'autre au lycée.

de français ; les conseillers d'éducation s'occupent de la cafétéria. Peu de clubs se créent à l'initiative des élèves, qui ne sont d'ailleurs, le plus souvent, pas sollicités et qui ne se proposent que rarement. Un élève n'est pas supposé, *a priori*, être détenteur d'un savoir suffisamment élaboré pour qu'on lui confie la responsabilité d'un club, d'autant que les textes ne l'imposent pas.

Quelle que soit la nature du club, son existence reste précaire. Le premier problème, très trivial, est son insertion dans l'emploi du temps. Si aucun créneau horaire n'est prévu, le rejet des activités avant huit heures le matin ou après six heures le soir, surtout en milieu péri-urbain, condamne à l'échec. Un autre handicap est, dans les lycées, la charge de travail qui pèse sur les élèves. Enfin et surtout, les clubs entrent en dissonance avec les pratiques majoritaires. Les élèves identifient le lycée avec ce qui se passe pendant les cours, n'attendent pas d'autre offre de sa part. Enfin, les réseaux de communication dans un lycée étant centrés sur les activités de la classe, les informations à propos de ces activités extérieures échappent à la plupart des membres de la communauté éducative.

Pourtant, permettre à des élèves de s'investir dans des activités de clubs, leur permettre de prendre des initiatives, serait un moyen de donner corps à une éducation à la responsabilité et à des pratiques citoyennes. Mais, comme le projet de l'élève ou le projet d'établissement, ces possibilités ouvertes par les textes ministériels ne servent pas l'objectif principal d'un système scolaire orienté vers la réussite individuelle et marqué par une pédagogie qui repousse toute approche collective et enferme les élèves dans une attitude de consommateurs passifs.

X

RESPONSABILITÉ ET PARTICIPATION, LES MAÎTRES MOTS

Le sentiment d'appartenance à une communauté scolaire est un préalable indispensable à la construction d'une citoyenneté sociale, mais celle-ci ne peut se construire que si l'institution permet aux élèves comme aux enseignants de prendre des responsabilités et de participer à la vie scolaire de l'établissement. Présentant les travaux de Robert Baillon, Christian Vitali, conseiller principal d'éducation, écrit : « L'ordre est rigoureux mais non arbitraire, il s'explique, se commente et s'enrichit du relationnel [1]. » L'autodiscipline des années soixante-dix a fait long feu, remplacée par une liberté que les élèves ne se sentent pas prêts à assumer : « On a trop de liberté, c'est cela que je n'aime pas trop ou alors il fallait l'apprendre progressivement de la sixième à la seconde [...]. On n'est vraiment pas habitué à ça. On se

---

1. Alain PICQUENOT (coord.), *L'Établissement scolaire, approches sociologiques*, CRDP de Bourgogne, Hachette éducation, Paris, 1997.

173

dit, tiens si j'allais pas au cours de maths. » (Stéphanie, élève de seconde[2]).

Il est souvent demandé aux élèves d'être responsables, responsables de leur travail et responsables de leur conduite, mais il ne leur est jamais dit en quoi consiste cette responsabilité dans leur fonction de lycéens. L'injonction « soyez responsables » renvoie le plus souvent l'élève à lui-même et permet à l'adulte de dégager sa propre responsabilité. Il n'y a pas d'éducation à la responsabilité si les conditions d'exercice de celle-ci ne sont pas définies. Si l'élève est responsable de quelque chose dans son travail, il doit savoir de quoi, quand, où et comment. Cette responsabilité doit s'exercer dans le cadre de l'école, et déboucher sur une participation aux diverses activités qui s'y exercent et en particulier aux activités d'apprentissage.

La participation des élèves à la vie de l'établissement est prévue par l'article 10 de la loi d'orientation du 10 juillet 1989[3], qui fixe les droits et les obligations des élèves : « Les obligations des élèves consistent dans l'accomplissement des tâches inhérentes à leurs études ; elles incluent l'assiduité et le respect des règles de fonctionnement et de la vie collective des établissements. Dans les collèges et les lycées, les élèves disposent, dans le respect du pluralisme et du principe de neutralité, de la liberté d'information et de la liberté d'expression. L'exercice de ces libertés ne peut porter atteinte aux activités d'enseignement. Il est créé, dans les lycées, un conseil des délégués élèves, présidé par le chef d'établissement, qui donne son avis et formule des propositions sur les questions relatives à la vie et au travail scolaires. »

---

2. Régine BOYER, Annick BOUNOURE et Monique DELVAUD, *Paroles de lycéens*, *op. cit.*
3. *Bulletin officiel* spécial, 3 octobre 1991.

Les élèves sont donc légalement impliqués, soit à titre personnel, soit par leurs représentants au conseil de délégués, à la fois dans les activités pédagogiques qui sont liées à leur travail scolaire et dans les activités éducatives. L'éducation à la citoyenneté sociale se situe dans l'une comme dans l'autre, mais selon des formes différentes.

La responsabilité de l'organisation du contenu des cours ainsi que l'évaluation des travaux des élèves incombent totalement aux professeurs et aux conseillers d'éducation en accord avec le chef d'établissement. Les adultes fixent les règles de l'organisation du travail scolaire et fixent les droits et les devoirs des élèves, faisant plus ou moins appel à leur participation et à leur initiative. S'il y a partage de responsabilités, c'est avec l'accord de l'adulte. Il n'y a pas transfert de pouvoir. Cela s'applique tout autant à l'élève majeur qu'à l'adulte en formation, à l'enfant comme à l'adolescent. L'appel à un expert dégage la responsabilité de l'apprenant quant à la mise en place de moyens pour réussir sa tâche ; en revanche, il doit participer de façon responsable aux activités qui lui sont imposées.

Comme nous l'avons vu, dans les clubs scolaires ou dans l'organisation des activités socio-éducatives, les élèves peuvent exercer davantage de responsabilité tandis que les adultes peuvent réduire leur rôle à celui de facilitateurs. Les délégués élèves, élus par leurs camarades, bien que n'ayant souvent qu'une voix consultative, participent dans une certaine mesure aux décisions prises au niveau de l'établissement. Élèves et adultes agissent dans trois espaces emboîtés : celui des cours, où le groupe élève est placé face à un adulte ; celui de l'établissement, au sein duquel se déroulent les activités périscolaires ; et celui des conseils, où siègent les délégués élus.

L'école est donc un lieu qui permet que la responsabilité des élèves s'exerce à plusieurs niveaux et dans des contextes différents. Pendant les cours, responsabilité et participation sont très contraintes, ce qui ne veut pas dire inexistantes. Elles jouent pleinement dans les clubs et les activités socio-éducatives et dans les conseils. Dans ces derniers, les élèves agissent par délégation et sont responsables devant leurs camarades qui les ont élus. De riches potentialités existent donc pour une éducation à la responsabilité et à la participation, mais cela oblige à renoncer à une relation de subordination et de soumission.

Développer la responsabilité personnelle

Actuellement, « être au lycée, c'est s'intégrer dans une structure de soumission à l'ordre scolaire. Soumission malvenue au moment où l'adolescent cherche par tous les moyens à exprimer sa capacité d'autonomie, et à construire sa maturité sociale [...]. La soumission infantilisante au scolaire devient d'autant plus inacceptable que les lycéens sont pour la plupart majeurs et qu'ils exercent dans la vie civile tous les actes libres qui leur sont interdits au lycée. Dans ces conditions, la vie lycéenne ne peut être vécue que sur le mode de l'enfermement et du contrôle social[4] ». Éduquer à la responsabilité et à la participation oblige à construire une autre relation entre les élèves et les adultes pour passer à une relation fondée sur un respect mutuel et sur des propositions de collaboration entre les enseignants et les jeunes. Comment la mettre en scène ?

---

4. Robert BAILLON, *op. cit.*

Rétablir les règles

La loi et les règlements intérieurs fixent le cadre des droits et des devoirs de chacun de façon stricte et, comme nous l'avons vu, l'école ne manque pas de discipline, mais celle-ci n'est plus ou est mal appliquée, car elle semble toujours s'inscrire dans un rapport de force qui n'est plus jouable.

Il est important de bien distinguer la loi et le règlement intérieur. Il est regrettable que les règlements intérieurs ne reproduisent pas en préambule les articles de la loi d'orientation qui s'imposent aux élèves comme à tous les membres de la communauté scolaire. Cela introduirait une première distinction entre ce qui relève des décisions propres à l'établissement et ce qui relève du domaine législatif. Le règlement intérieur, une fois adopté et publié, s'applique, mais les élèves, comme les professeurs, doivent être invités à réfléchir sur l'adéquation entre le règlement intérieur et les pratiques quotidiennes. Le propre d'un régime démocratique est de prévoir les modalités de sa propre évolution. Le règlement intérieur doit se discuter et des propositions de modifications doivent intervenir, mais selon les modalités prévues. Il s'impose donc à tous, tel quel, jusqu'au vote de modifications par le conseil d'administration. Il est donc important que les professeurs vérifient que lois et règlements sont connus des élèves et ils doivent les appliquer dans leur intégralité.

Un exemple illustrera ces propos. L'absentéisme est contraire à la loi d'orientation, qui fait obligation à l'élève d'être assidu. C'est donc là une clause qui ne se discute pas et qui s'applique. En conséquence, la présence des élèves doit être étroitement surveillée. Dans les établissements où les absences des élèves sont correctement répertoriées, signalées et sanctionnées, la sanction pouvant être une ferme conversation devant la conseillère d'éducation et le professeur principal, règlement à l'appui, on observe un absentéisme faible ou en baisse. L'éducation se fait aussi par la peur du gendarme et par le choix entre divers ennuis. Ne pas aller en cours peut procurer éventuellement un moment agréable, mais doit conduire à des ennuis ultérieurs. Si l'absentéisme est dû à une démotivation et à un sentiment d'inutilité en classe, la balle est dans le camp des adultes. Si c'est le symptôme de déséquilibres personnels ou familiaux, les adultes doivent l'entendre et s'adresser à qui de droit. Tout comportement inadapté ou inacceptable, car contraire aux règles, doit être relevé et signifié à l'élève. Cela ne conduit pas forcément à un changement d'attitude, mais la politique de l'autruche n'a pas sa place dans une relation éducative.

L'application des règlements est une garantie du bon fonctionnement social, car le droit protège autant qu'il contraint. Faire obligation de se conformer à la règle est de la responsabilité des adultes. Ceux-ci l'exercent dans un contexte éducatif où l'élève apprend à se bien comporter. L'enseignant doit à la fois protéger l'élève, contrôler ses attitudes, fixer les règles de travail et de conduite et être juge de leur respect. De par le cumul de ses fonctions dans la vie quotidienne des classes, la relation éducative à l'école présente certains points communs avec la relation éducative dans la famille et, dans un cas comme dans l'autre, cette dualité engendre inévitablement une certaine tension. L'élève a droit à l'erreur dans son comportement comme dans ses activités intellectuelles, mais tout manquement doit être signalé et une solution doit être trouvée.

On peut prendre pour exemple les oublis de matériel, dont les professeurs se plaignent tant. L'oubli du livre peut constituer une gêne réelle si le travail prévu repose sur son utilisation, mais la validité du reproche tombe si l'usage du livre en classe est exceptionnel. En cas d'usage régulier, l'expérience montre que la meilleure méthode pour limiter les oublis est de fixer une règle après discussion avec les élèves. Si un accord est intervenu pour qu'un livre pour deux élèves suffise, tout groupe de deux qui n'a pas de livre doit s'en expliquer et résoudre le problème. Un oubli n'est pas une occasion de ne rien faire. Ce doit être un ennui, même léger. En revanche, le renvoi du cours, mesure souvent appliquée, outre que les règlements ne le prévoient souvent pas, est une solution qui repose sur l'irresponsabilité. Le professeur se « dédouane » en expulsant l'indésirable. Il peut poursuivre tranquillement son cours. L'élève est momentanément tranquille lui aussi, et manquer un cours n'est pas en soi très grave. Il n'est même pas sûr que d'autres ennuis surviennent, car le professeur peut en rester là.

Les incidents graves, difficiles à gérer, sont en partie évités en manifestant une grande attention à toute erreur de comportement. Remarques et excuses suffisent, dans bien des cas, pour rétablir des relations normales ; c'est le cas pour des réponses un peu vives mais non insultantes, un retard exceptionnel dans les travaux personnels ou dans les corrections des copies. Ces deux derniers exemples sont associés volontairement, car la symétrie des obligations et des libertés est très importante. L'élève doit pouvoir calquer son comportement sur celui de l'adulte. Les élèves ont raison lorsqu'ils disent : « Elle exagère de me punir pour mon devoir en retard, elle les rend quand elle le veut bien... » La sanction, si elle devient nécessaire, doit être justifiée et conforme aux règles. L'élève qui triche doit être sanctionné, mais le professeur doit organiser et surveiller le travail de façon à imposer la règle d'un travail personnel. Il est de la responsabilité de l'adulte d'assumer le rôle d'arbitre entre les élèves, mais aussi d'avoir un comportement qui s'inscrive dans les règles préalablement établies.

Les devoirs stipulés par les textes sont souvent rappelés aux élèves par les professeurs et par les conseillers d'éducation. En revanche, on invite beaucoup moins les élèves à utiliser leurs droits, que l'on occulte souvent. En cas de non-respect de ses droits, l'élève n'a que peu ou pas de recours. Dans le règlement intérieur de leur collège intitulé « Une déclaration des droits et des devoirs du citoyen collégien [5] » élaboré par une classe de quatrième, les élèves indiquent que « tout élève a le droit d'être respecté par les autres élèves, les professeurs, les surveillants ». La même obligation s'applique donc de ce fait, dans ce collège, aux adultes et aux élèves mais il n'y a pas, pour les adultes pris en infraction, d'instances ou de sanctions comparables à celles qui sont prévues pour les élèves, comme le renvoi ou le conseil de discipline. L'article 10 de ce même règlement prévoit que « les élèves doivent bénéficier de la compréhension des professeurs quand ils ont à faire face à des problèmes hors du collège (familiaux, par exemple) ». Là aussi, le recours sera difficile et il y a grand risque de voir ce droit s'éteindre faute de pouvoir être appliqué. Certains conseillers d'éducation aidés par des professeurs et des documentalistes encouragent les lycéens à exercer leur droit d'expression dans le lycée, mais ce n'est pas le cas partout et très souvent les élèves ignorent qu'ils ont le droit de publier leur journal sans en référer au chef d'établissement, même s'il est courtois de lui en communiquer un exemplaire. Notons toutefois qu'inversement les panneaux réservés à l'usage des délégués élèves sont très souvent vides.

---

5. Article de Marie-Françoise LIMOUSY, « Une déclaration des droits du collégien citoyen », *Cahiers pédagogiques*, n° 340, janvier 1996.

Parce qu'il y a éducation, il doit y avoir droit de parole et recours éventuel à une tierce personne, si professeurs ou élèves pensent que les règles ne sont pas correctement appliquées.

Libérer la parole

Une enquête réalisée en 1997 auprès d'un échantillon de lycéens dans la région de Lyon indique que 93 % d'entre eux déclarent n'avoir eu que des cours magistraux au collège comme au lycée. Les études menées par des équipes de l'INRP, dans les disciplines enseignées au collège[6], confirment que c'est le mode de transmission des savoirs le plus souvent observé dans les classes. Le professeur fait cours, produisant un savoir fortement contraint par les caractéristiques de la discipline scolaire, comme nous l'avons vu à propos des cours d'éducation civique. Les cours ne sont pas tout à fait des conférences et certains enseignants tiennent à se démarquer de la conférence en utilisant l'expression de « cours magistral dialogué ». Les professeurs s'interrompent effectivement de temps à autre pour poser des questions aux élèves. Mais l'échange est rapide et n'a aucune des caractéristiques d'un dialogue. L'élève n'a que quelques secondes pour répondre et sa réponse tient en trois ou quatre mots. Si la réponse de l'élève ne correspond pas à l'attente du professeur, celui-ci relance la question ou fournit lui-même la réponse à la question posée. Le questionnement n'est pas une occasion, même pour l'élève qui répond, de prendre vraiment la parole.

Les questions posées aux élèves ne portent pas sur les nouvelles notions ou sur les notions difficiles à

---

6. *L'Enseignement en troisième et en seconde : ruptures et continuités,* op. cit.

comprendre. Elles ne sont souvent formulées que pour vérifier qu'un point précédemment étudié est encore connu, au moins, ou pour réveiller tel ou tel qui semble ne pas suivre. Toute la dynamique d'un dialogue est inversée. Celui qui sait, le professeur, questionne celui qui ne sait pas, l'élève. Celui-ci ne prend que rarement la parole de lui-même et, lorsqu'il le fait, c'est pour demander au professeur de répéter, d'aller moins vite, de redonner les indications de pages ou les consignes d'écriture. Cela ne porte pas sur le cœur de l'échange, à savoir les nouvelles connaissances.

Mené ainsi, le questionnement n'a pas pour but de faire participer les élèves à la construction d'un savoir nouveau. Les questions sont au service de la parole professorale. Le cours magistral n'a pas pour fonction première d'apprendre à l'élève à se prendre en charge ni à participer. Philippe Meirieu[7] fait l'hypothèse qu'il remplit une fonction narcissique : « Il supporte et structure le rapport de l'enseignant au savoir qu'il enseigne [...]. La parole fonctionne ici comme une manière d'investir ses propres connaissances en les exposant, de les maîtriser en les communiquant, de se les approprier et de les conserver vivantes par l'exigence même de leur transmission ordonnée. » Se tournant vers les élèves, il poursuit : « [Le cours magistral] offre aux élèves de pouvoir faire semblant d'être là tout en étant ailleurs et de ne pas trop s'impliquer dans les choses scolaires. »

L'élève qui participe bien participe en fait le plus souvent à la construction du discours du professeur. Le questionnement, étant collectif mais conduisant à la réponse d'un seul élève, ne fournit d'ailleurs qu'une garantie très partielle sur la façon dont le cours est

---

7. Article des *Cahiers pédagogiques*, n° 356, « Faut-il supprimer le cours magistral ? ».

perçu. Si la réponse renforce effectivement la parole du professeur, cela prouve qu'un élève suit et est en connivence intellectuelle avec le professeur. Les autres peuvent dormir ou être complètement perdus. L'élève n'a pas la possibilité de commencer son travail à son niveau, il écoute au « niveau » que lui impose le professeur. Il sera pourtant tenu pour responsable de ses résultats, bien qu'il n'ait aucune possibilité de participer à la construction d'un savoir nouveau autrement que par l'écoute et la prise de notes. Certains élèves ne prennent d'ailleurs pas de notes. Ils le justifient par le fait qu'ils savent déjà ce qui est dit ou que la lecture de leur livre leur apporte les mêmes informations ou, au contraire, qu'ils sont perdus. Les deux premiers arguments sont généralement rejetés par le professeur qui n'accepte que la difficulté à suivre et répète son message en aidant l'élève à le noter. Prendre des notes ne signifie pas comprendre, mais si l'élève ne prend pas de notes, le professeur n'a plus aucun moyen d'entrer dans le champ de l'élève. Il ne peut pas accepter des arguments qui laisseraient entendre que, pour cet élève-là au moins, le cours est inutile. Cela déstabilise toute la logique du travail professoral et le refus de l'élève est perçu comme une atteinte narcissique.

Le cours magistral n'est cependant pas à bannir. Il est bien adapté à la transmission de connaissances sur quelques points du programme. Ce peut être pour les élèves un moment d'écoute agréable sur un sujet qui les intéresse. Il peut aussi conclure un travail de groupe entre élèves pour fixer les points importants, répondre aux questions que se sont posées les élèves. Mais c'est un obstacle considérable pour une libération de la parole, condition indispensable à une éducation à la citoyenneté.

Dans la majorité des classes, les exposés sont la seule occasion donnée aux élèves de prendre la parole. L'exposé mime le cours magistral avec ses qualités et ses défauts.

C'est un exercice difficile, long à préparer pour les élèves, car il implique lectures et recherches, ce qu'ils ne sont pas habitués à faire. Les résultats sont souvent décevants ; l'élève a passé beaucoup de temps pour aboutir à une production encyclopédique, qu'il présente mal et qui ennuie la classe. L'exercice n'a d'intérêt que dans l'optique d'une initiation à la prise de parole en public. Dans tous les cas, les critères de réussite accompagnés de grilles d'observation doivent être prévus d'avance, tant pour le fond que pour la forme, afin de guider le travail et de permettre une évaluation par le professeur et par les autres élèves qui repèrent ainsi les qualités à conserver et les défauts à éviter. Mais l'exposé ne forme pas l'élève à prendre la parole sur ce qui se passe dans le cadre de sa vie scolaire, au niveau relationnel ou au niveau de ses apprentissages.

Si l'un des buts poursuivis, au-delà des objectifs purement disciplinaires, est d'éduquer à la participation et à la responsabilité, il faut en passer par des méthodes pédagogiques qui permettent aux élèves de travailler par eux-mêmes, dans l'établissement, avec le professeur. Ce peut être un travail personnel ou un travail de groupe [8] qui stimule les échanges, facilite la communication entre les élèves et permet de fréquentes prises de paroles pour présenter les résultats des travaux réalisés dans chaque groupe. De tels dispositifs changent la nature du travail du professeur et celle de ses relations au groupe. Le cours magistral est remplacé par des travaux dirigés, des travaux pratiques, du travail autonome. Ces dispositifs permettent de différencier la pédagogie, le professeur ayant la possibilité de nuancer les tâches de chaque groupe et d'adapter ses interventions aux besoins de cer-

---

8. « Le travail de groupe », *Cahiers pédagogiques*, n° 356, septembre 1997.

tains élèves, ce qui est impossible à faire avec un cours magistral.

Une pédagogie active permet aux élèves de formuler leurs propres questions alors que le cours magistral répond à des questions que seul le professeur s'est posées. Toutes les questions sont permises puisque l'élève, de par sa situation d'apprenant, a droit à l'information et à l'erreur. Il n'a pas *a priori* à « faire attention à ce qu'il dit ». Des questions jugées impertinentes ne sont bien souvent que des questions mal formulées. Il est important de les faire reformuler et d'y répondre, même si l'enseignant les juge hors sujet ou correspondant à des connaissances erronées. Si l'élève est libre dans ses propos, il aura la possibilité d'expliquer pourquoi il se trompe, permettant ainsi au professeur de le corriger en toute connaissance de cause. Enfin, l'élève doit pouvoir poser toutes les questions qui lui semblent nécessaires et obtenir des réponses avant d'être tenu pour responsable de la mauvaise qualité de ses résultats.

Permettre à l'élève de s'exprimer ne conduit pas au laxisme. Le professeur conserve la maîtrise en donnant des consignes explicites, les performances attendues et le barème de notation. Cela permet à l'élève de mieux comprendre ce que l'on attend de lui. Il vit un premier niveau de participation puisqu'on lui communique le plan de travail, les conditions de réalisation et les critères selon lesquels son travail sera jugé. Sur ces bases, une collaboration est possible avec les autres enseignants, les documentalistes, les membres de l'administration ou les autres « personnes ressource ». L'outil informatique intervient éventuellement. La classe n'est plus forcément le seul lieu où se déroule le travail.

Il faut aussi qu'à certains moments l'élève puisse parler de son travail et de sa vie dans l'école. Des méthodes existent, pratiquées par une minorité résolue d'enseignants. Des équipes ont travaillé sur les groupes de paroles institués dans certaines classes primaires[9], d'autres sur des dispositifs de médiation entre toute une classe et l'équipe des professeurs par le biais du conseiller d'orientation[10]. Ces pratiques bouleversent les bases du modèle dominant. On ne peut pas demander à un jeune de participer et d'être responsable si on l'oblige à parcourir sans broncher un chemin semé d'embûches.

Partager le pouvoir

Les élèves, comme nous l'avons dit, sont appelés à intervenir dans la vie de l'établissement par leurs délégués élus. La loi d'orientation de 1986, qui crée le « conseil des délégués des élèves », amplifie leur rôle puisque le conseil « donne son avis et formule des propositions sur les questions relatives à la vie et au travail scolaires ». Le chef d'établissement est tenu de réunir les délégués à intervalles réguliers.

Cette mesure a été prise sous la pression des lycéens. François Dubet, en 1990, s'interrogeait sur la nature de cette mesure : « Délégués d'élèves... gestionnaires ou citoyens ? » Une mini-démocratie se met-elle ainsi en place avec un partage des responsabilités, même si la décision finale appartient au chef d'établissement ? Ou bien est-ce un point d'appui pour le chef d'établissement qui cherche à asseoir son projet avec pour parte-

---

9. Les groupes de paroles organisés dans des classes d'école maternelle et primaire sont présentés et analysés dans le livre *Médiations, institutions, loi dans la classe*, par F. IMBERT et le groupe de recherche en pédagogie institutionnelle, ESF, 1994. Voir aussi, William VERNET, « Un conseil démocratique », article dans *Cahiers pédagogiques*, n° 340.

10. Claire RUEFF-ESCOUBÈS, *La Démocratie dans l'école, une pratique d'expression des élèves*, Syros, Paris, 1997.

naires les élèves, lui rendant ainsi plus facile de contourner les réticences des professeurs ? Les deux situations se rencontrent, mais il en est une troisième, peut-être la plus répandue : l'application au minimum possible des textes et l'annulation de toute pratique démocratique. Une militante de la FIDL [11] écrivait en 1996 : « Les instances de représentation des lycéens, dans l'établissement ou au niveau académique, et les droits des lycéens pourtant définis par un décret de 1990 sont dans la plupart des cas de pure façade. » Pour elle, cette situation était liée au fait que « l'on continue à considérer la déléguée des élèves comme une concession faite aux lycéens, comme une simple intermédiaire entre le professeur et les élèves ». Les choses vont peut-être changer car la consultation de lycéens par la commission Meirieu a démontré, d'une part, que les jeunes sont munis de raison et de jugement et qu'ils ne se dressent pas contre le système, ils demandent juste à y être entendus ; d'autre part, qu'il y a quelque logique à les consulter avant de prendre des décisions concernant leurs conditions de formation. La leçon est d'importance, car dans bien des lycées le chef d'établissement, avec l'assentiment de la majorité de ses professeurs, interprète les textes de façon à donner un rôle minimal aux délégués siégeant en conseil. Il suffit pour cela, comme nous l'avons vu, d'envoyer les convocations trop tardivement...

Alors que l'Éducation nationale, les parents et les syndicats d'enseignants portent une grande attention à l'adéquation entre la formation disciplinaire universitaire des enseignants et la discipline enseignée, et surveillent de près le respect des heures de cours dans chaque discipline,

---

11. La FIDL, Fédération indépendante et démocratique lycéenne, fut créée en 1987 à la suite du mouvement Devaquet. Sonia SAMADI, une militante de la FIDL, s'exprime ainsi dans un article des *Cahiers pédagogiques*, n° 340.

aucune pression ne s'exerce pour que la formation des délégués soit assurée et pour que les droits des élèves soient respectés. Personne n'en est spécifiquement chargé. Cela n'a pas pénétré dans la vie de l'école.

Des délégués formés sont plus attentifs à jouer leur rôle. Ils donnent leur avis avec sérieux et raison. Ils veillent à ce que leurs avis soient pris en compte et à ce que les professeurs se conforment aux décisions prises. Ils s'expriment avec talent et franchise au conseil des délégués et, si les adultes présents sont prêts à les entendre, ils prennent initiatives et responsabilités. C'est un total bouleversement dans l'institution. Certains professeurs ou membres de l'administration le vivent comme une atteinte à leur statut. Habitués à régenter leur travail sans avoir à discuter des bien-fondés de leurs choix, de leur progression dans le programme, de leurs critères de notation, ils se voient par exemple contraints, à la demande des délégués élèves, d'accepter de participer à des devoirs communs à tout un niveau de classe, la correction des copies étant partagée de façon aléatoire entre tous les professeurs.

Les délégués élèves tentent de faire bouger l'institution. Dans un lycée, ils ont demandé et obtenu que, lorsqu'une activité était organisée autour d'un thème suffisamment rassembleur, tous en soient informés et que ceux qui en font la demande soient autorisés à s'absenter des cours ayant lieu à ce moment-là. Ils sont aussi très attentifs à ne financer sur les fonds lycéens que des activités qui concernent un assez grand nombre d'entre eux. Informés sur les activités périscolaires, ils poussent à leur extension pour que tous en profitent. Ils défendent l'éducation à la santé qu'un professeur a instituée mais qui n'intéresse pas le chef d'établissement, bien que la loi d'orientation le prévoie. « Là où ces droits sont appliqués, voire exploités, on a pu constater une véritable dynamique qui n'a plus rien à voir en termes d'efficacité avec quelques cours incluant une dimension plus ou moins civique [12]. »

Sauf personnalité exceptionnelle, il est très difficile d'amorcer une telle évolution de par la seule volonté des élèves. Si les délégués ressentent qu'ils n'ont aucune crédibilité et que leurs avis ne sont pas pris en considération, ils se désintéressent de ce qui se passe dans le lycée, deviennent inutiles aux yeux de leurs camarades et l'absence de participation se généralise.

Le chef d'établissement et tous les membres de la communauté scolaire ont un rôle important, mais la clef de voûte reste le chef d'établissement. L'intérêt ou le désintérêt qu'il manifeste se répercute sur l'ensemble du personnel et des élèves et donne le ton. Les choix organisationnels sont de son ressort et marquent ses intérêts et ses priorités.

Faire vivre le conseil des délégués des élèves dans la plénitude de ses fonctions est un moyen efficace d'irriguer l'établissement par un mince filet de citoyenneté sociale. C'est même le seul lieu, dans l'établissement, où les élèves peuvent effectivement pratiquer un début de citoyenneté politique puisqu'il y a délégation et élections. Les conseillers d'éducation et les documentalistes ont à aider les élèves délégués à s'organiser pour qu'un bureau se constitue et que les tâches se répartissent, pour que l'information circule, que les délégués puissent mener à bien réunions préparatoires et comptes rendus... À cause de l'inadaptation du système à faire place à des pratiques citoyennes, la dynamique partie du haut est la plus efficace. Les observations conduites dans les établissements engagés dans cette direction montrent que les chefs d'établissement trouvent toujours des professeurs, des documentalistes et des conseillers d'éducation, des élèves et des parents pour appuyer leur démarche.

---

12. Sonia SAMADI, *art. cit.*

Les parents et les professeurs ont aussi leur rôle à jouer. Lors des conseils de classe, les parents prennent rarement le temps de téléphoner aux délégués élèves pour s'informer des questions que ceux-ci souhaitent soulever lors du conseil et pour définir une stratégie commune en cas de besoin. Les délégués élèves sont encore trop peu soutenus lors de leurs interventions. Il serait à souhaiter que les adultes – parents et professeurs – veillent autant au respect des droits des élèves qu'à l'application des règles de sécurité ou au remplacement rapide des professeurs absents.

CONCLUSION

L'école remplit finalement sa mission beaucoup mieux qu'on ne le prétend. Les problèmes d'indiscipline grave dans les écoles ont toujours existé, tout comme la délinquance et les violences sociales. Deux choses ont totalement changé : d'une part, le regard que l'on porte sur ces violences, conséquence d'une médiatisation accrue et, d'autre part, les exigences plus grandes de la société vis-à-vis de ses membres, à l'école comme hors de l'école. L'insécurité est devenue insupportable, tout comme la maladie ou la pauvreté. Nos idéaux se sont élevés et c'est tant mieux.

À ces défis qui concernent toute la société, l'école ajoute un nouveau défi qui lui est propre, celui qui consiste à mettre en œuvre une démocratisation de son système d'enseignement et ce jusqu'au-delà du lycée. Le rapport de la commission présidée par Jacques Attali, intitulé « Pour un modèle européen d'enseignement supérieur », dénonce en effet le caractère inégalitaire de cet enseignement supérieur et souligne qu'« un enfant scolarisé dans une banlieue défavorisée n'a pratiquement aucune chance d'accéder à une très grande école. Si une telle évolution se poursuivait, une part importante de la population ne pourrait plus rejoindre les élites du pays... ».

Parce que la société rejette les sans-diplôme, la réussite scolaire devient un droit que chacun revendique et l'interruption de la scolarité est qualifiée d'échec et non plus de passage à la vie active, passage qui, il y a trente ans, était perçu comme valorisant par certains de ses aspects. Les mauvais résultats scolaires ne privaient pas d'une possibilité de vie professionnelle réussie. Tel n'est plus le cas aujourd'hui.

La création du collège unique et l'ouverture des lycées à la majorité des jeunes ont mis fin à la séparation entre les enfants issus de milieux favorisés et ceux issus de milieux modestes ou pauvres, et l'égalité des chances est une nouvelle contrainte que doit se donner l'école. En même temps, l'urbanisation, l'immigration, la désindustrialisation et le chômage modifient la sociologie des villes et des quartiers et se répercutent sur l'école. La demande sociale adressée à l'école a fondamentalement changé et les exigences de réussite, d'insertion, de vie agréable dans une communauté éducative respectueuse de chacun compliquent la tâche de l'institution et la modifient fondamentalement.

C'est dans cette perspective qu'il faut situer la demande de citoyenneté. Parce qu'ils restent à l'école au-delà de leur majorité, parce que toutes leurs années de formation se déroulent dans l'école, les jeunes revendiquent un nouveau regard et de nouveaux droits. Les textes ministériels leur donnent déjà une partie importante de ces droits et des responsabilités correspondantes. Encore faut-il les mettre en œuvre !

Comme pour l'éducation à la santé, aux droits de l'homme ou à l'environnement, l'introduction de nouveaux contenus ne semble pas trop difficile. Mais dans ces domaines également, la mise en œuvre a été incomplète ou éphémère. Pour l'éducation à la santé, par exemple, les structures de réflexion et de dialogue destinées à répondre aux préoccupations des jeunes, qui faisaient partie du projet, n'ont pas été mises en place et ne fonctionnent encore que de façon tout à fait exceptionnelle. Et pourtant les risques liés à la consommation de tabac, d'alcool, de tranquillisants ou de drogues étaient flagrants, le taux de suicide, qui est particulièrement élevé chez les jeunes Français, était un indicateur d'alerte connu de tous et la médecine scolaire fournissait des structures appropriées : l'épidémie de sida elle-même n'a pas suffi à mobiliser l'école. Il faut croire que l'inertie du système est liée à des caractères fondamentaux de l'école et peut-être de la société françaises.

L'introduction de l'enseignement du droit à l'école a été proposée et expérimentée dans une perspective citoyenne, mais on peut se saisir de ses notions et faire un cours sur l'identité, en sixième, ou sur les enjeux de l'information, en quatrième, sans participer à un comportement citoyen. Les connaissances acquises à l'école ne sont bien évidemment pas neutres à l'égard d'une éducation à la citoyenneté, mais les conditions dans lesquelles les élèves sont amenés à travailler et les relations qui s'établissent entre tous les membres de la communauté scolaire sont les éléments les plus importants. La citoyenneté dans l'école restera un vœu pieux si elle n'est envisagée que sous forme de nouvelles disciplines ou de nouveaux contenus.

Sans répondre à toutes les questions, les recherches en didactique des disciplines, les recherches et enquêtes en sociologie de l'éducation et en psychopédagogie sont suffisamment riches pour que, de l'école maternelle aux classes terminales, de nouvelles stratégies aident aux apprentissages.

Les projets d'établissement ouvrent une possibilité de choix des priorités et de participation réelle et responsable pour tous les enseignants qui le souhaitent. Les

« quarante-neuf propositions pour le lycée », en fixant différemment la nature du travail des élèves et des professeurs, pourraient donner la possibilité d'inclure dans les emplois du temps des uns et des autres les activités qui jusqu'à présent étaient maintenues à la périphérie de l'institution.

Pourra-t-on alors mener à bien une éducation à la citoyenneté ? Oui, mais il faut transformer l'école et non les contenus enseignés pour faire place à des pratiques citoyennes. Cela ne demande pas forcément une diminution des heures où élèves et enseignants travaillent ensemble. Il ne s'agit pas non plus de transformer l'école en garderie et l'enseignant en éducateur, ni d'aller vers la facilité, comme le dénoncent ceux que toute évolution effraye. Les écoles qui fonctionnent selon des projets comportant des éléments qui s'inscrivent dans cette optique ne sont pas des écoles où élèves et professeurs ne travaillent pas. En général, enseignants et élèves y sont plutôt heureux et enthousiastes. Ils éveillent la méfiance, car beaucoup de parents et d'enseignants français considèrent qu'une école qui ne fait pas un peu souffrir n'est pas une bonne école. Il y a confusion entre effort et désagrément. L'art suprême et le rêve du pédagogue sont pourtant de constater que le plaisir d'apprendre récompense l'effort et qu'il déclenche l'envie de travailler. Les compliments et les encouragements sont là pour le concrétiser.

Une telle mutation demande de l'honnêteté intellectuelle et du courage. Elle exige aussi de se débarrasser des faux discours. Les classes de faibles effectifs ne garantissent pas la réussite scolaire. Des disciplines comme l'hébreu, le grec, le chinois regroupent peu d'élèves. Cela n'empêche pas l'échec de certains. Les enquêtes menées par Mohammed Cherkaoui montrent que les petits groupes à l'école favorisent surtout les bons, les élèves

faibles progressant plus dans des classes plus nombreuses et plus hétérogènes.

Les programmes, si souvent accusés d'être trop lourds,
ne le sont que parce que l'encyclopédisme et l'exhausti-
vité président à leur interprétation.

Le travail n'est pas facilité par l'individualisme des
élèves et des professeurs. Le travail avec des collègues
conforte, fait progresser et permet une mise en commun
des compétences. Il n'alourdit pas la tâche, il la transforme et peut donc se faire sans que des décharges de
service interviennent forcément. Il ne faut pas travailler
plus, mais autrement. En revanche, il faut que les
emplois du temps le prévoient, sinon toute rencontre et
tout travail en commun deviennent impossibles. L'équipe
pédagogique, lorsqu'elle existe, permet un fonctionnement satisfaisant sans qu'il y ait besoin d'introduire une
hiérarchie professionnelle pesante dans l'école. Les
jeunes professeurs peuvent y être aidés et guidés, les plus
anciens s'y recycler.

La dichotomie entre hiérarchie administrative et hiérarchie pédagogique fondée sur l'illusion que seuls
comptent les savoirs disciplinaires est à nuancer. Si un
chef d'établissement historien est passionné par le cours
de physique auquel il assiste et y observe des élèves
actifs et intéressés, lui est-il interdit de le considérer
comme un bon cours ? L'inspection, bien que de plus en
plus tournée vers l'écoute et l'aide, est malgré tout l'arti-
fice d'un jour. Un élève ne proposait-il pas que les inspecteurs viennent déguisés en élèves pour « voir vraiment »
ce qui se passe, ce qui revient à proposer de demander
leur avis aux élèves sur l'enseignement qu'ils reçoivent.
La consultation Meirieu est une grande première, pour-
rait-elle engendrer de petites consultations au niveau des
équipes et des établissements ? Les élèves auraient droit
à la parole pour juger du travail du professeur ; par oral,

régulièrement, pour faire le point sur ce qui va et ce qui ne va pas ; et de façon plus solennelle, par écrit, pour s'exprimer sur le bilan d'une année de travail commun. Les élèves ne disent bien souvent rien que le professeur ne sache déjà. À part de rares règlements de comptes, ils s'expriment avec modération et nuance. Le délégué de classe pourrait être habilité à faire remonter un commentaire global vers le chef d'établissement ou le responsable de département, si celui-ci existait.

Le courage doit aussi se situer du côté des responsables politiques, tant au niveau de la formation que de la définition des objectifs prioritaires de l'école, les deux étant liés. Les IUFM ont à préparer les futurs professeurs à exercer leur métier de façon différente de celle qui prévaut actuellement. La formation pédagogique doit intervenir plus tôt, en cours d'études universitaires. Des unités de valeur de pédagogie, de psychologie et de didactique doivent être exigées pour une maîtrise d'enseignement ouvrant la porte aux concours, qui pourraient alors comporter à la fois des épreuves didactiques, pédagogiques et disciplinaires. L'année de formation en IUFM représente un maximum de deux jours de formation sur vingt semaines. C'est suffisant pour donner des modèles, mais totalement illusoire s'il s'agit de fournir aux nouveaux professeurs des outils d'analyse pour faire face à leur métier de pédagogue. Par ailleurs, cette formation intervient après les concours de recrutement. On devient professeur sur des critères purement disciplinaires, sans que les qualités et les connaissances qu'implique le métier de professeur aient été évaluées. L'organisation des IUFM est à remodeler profondément pour les professeurs de second cycle. Le projet de départ, qui en faisait des pôles de formation en prise à la fois sur des établissements secondaires et sur des universités, a échoué. Il faut rétablir ce double lien. La formation actuelle donne la priorité aux savoirs disciplinaires et néglige les autres aspects.

Un choix s'impose : le lycée ne peut pas à la fois scolariser toute une génération d'élèves et trier les futurs élèves des classes préparatoires. Si le lycée se situe en fin de scolarité quasi obligatoire, la sélection des élites doit se faire après le baccalauréat. Jacques Attali propose que les grandes écoles recrutent à « bac plus deux », comme elles le font actuellement, mais dans le cadre de l'Université et non plus à l'issue des classes préparatoires. Cela permettrait à l'enseignement secondaire de se consacrer à ce qui est devenu sa tâche prioritaire : assurer la meilleure réussite du plus grand nombre. La sélection des élites serait alors de la responsabilité de l'Université. Le professeur du secondaire ne se verrait plus confier une mission impossible.

Si aucune mesure n'est prise, l'école restera un lieu de transmission de savoirs fixés par les programmes. Si tel devait être le cas, l'éducation à la citoyenneté connaîtrait le même sort que l'éducation aux droits de l'homme ou l'éducation à la santé. Elle resterait le projet de quelques enseignants. Elle serait éphémère, périphérique et sans réelle portée. Actuellement, il est hélas évident que l'école est au service de la sélection sociale, et même qu'elle y est bien adaptée, puisque dans ce domaine elle remplit sa mission[1]. Or, la citoyenneté à usage social demande une autre approche, qui ne trouvera sa place que si l'école change. Si l'on veut modifier les comportements

---

1. De 1950 à 1997, le pourcentage d'élèves issus de milieu populaire ayant intégré l'une des quatre écoles, Polytechnique, ENA, Centrale, École normale supérieure, serait passé de 29 % à 9 %, le recrutement étant de plus en plus concentré sur quelques classes préparatoires de quelques lycées dont l'accès est si verrouillé que le rapport Attali (mai 1998) suggère que l'on pourrait établir la liste des deux cents écoles maternelles qui y enverront leurs bambins ! Cité dans *Libération*, 5 mai 1998.

des jeunes à l'école et hors de l'école, il faut passer d'une structure visant à l'élitisme vers un système visant la scolarisation du plus grand nombre en optimisant les réussites individuelles au prorata des goûts et capacités de chacun. On ne peut, en effet, dissocier les buts des moyens. Une partie des professeurs y sont prêts et le montrent chaque jour en faisant travailler leurs élèves autrement. Ils utilisent les méthodes proposées par les courants pédagogiques, font réaliser de remarquables travaux, animent des clubs et des projets divers. Mais l'immobilisme, les corporatismes, la défense de privilèges anachroniques triomphent. Par la voie de certains de leurs syndicats, les professeurs semblent tout refuser hormis un *statu quo* qu'ils dénoncent aussi. Pourtant, bien des propositions pourraient être négociées pour déboucher sur des transformations du système éducatif qui l'adapteraient enfin à sa mission actuelle : scolariser tous les jeunes et les faire réussir comme élèves et comme citoyens. Comme pour la discipline, la politesse ou la morale, chacun peut acquérir à l'école des connaissances qui peuvent l'aider à choisir plutôt qu'à ignorer ou à subir sa future condition de citoyen porteuse de contraintes et de droits. Mais encore faut-il que cela soit intéressant et utilisable. L'enfant se lasse de la lecture s'il ne parvient pas à lire, il se lasse de la citoyenneté s'il ne parvient pas à l'exercer dans l'école.

TABLE DES MATIÈRES

SECONDE PARTIE

La citoyenneté en actes, la citoyenneté sociale